COLECCIÓN POPULAR

613

La identidad internacional de Brasil

Serie Breves
dirigida por
ENRIQUE TANDETER

Traducción de
ADA SOLARI

Celso Lafer

La identidad
internacional de Brasil

FONDO DE CULTURA ECONÓMICA

México - Argentina - Brasil - Chile - Colombia - España
Estados Unidos de América - Perú - Guatemala - Venezuela

Primera edición en portugués, 2001
Primera edición en español, 2002

*A identidade internacional do Brasil e a política externa
brasileira: passado, presente e futuro*
© 2001, Editora Perspectiva S. A.

ISBN de la edición original: 85-273-0257-8

© 2002, Celso Lafer
© 2002, Fondo de Cultura Económica, S. A.
   El Salvador 5665; 1414 Buenos Aires
   fondo@fce.com.ar / www.fce.com.ar
   Av. Picacho Ajusco 227; 14.200 México D. F.

ISBN: 950-557-507-6

Impreso en Argentina - *Printed in Argentina*
Hecho el depósito que previene la ley 11.723

Brasil siempre tuvo conciencia de su tamaño y ha sido gobernado por un sentimiento profético de su futuro.

Joaquim Nabuco,
*O sentimento da nacionalidade
na história do Brasil*
(conferencia en el Club Hispánico de la
Universidad de Yale, 15 de mayo de 1908)

Mas sobre o tronco sonoro da língua do ão
Portugal reuniu 22 orquídeas desiguais.

Nós somos na Terra o grande milagre do amor!
E embora tão diversa a nossa vida
Dançamos juntos no carnaval das gentes
Bloco pachola do "Custa mas vai!"

Mário de Andrade,
Noturno de Belo Horizonte (1924)

Prólogo a la edición en español

En *Esaú e Jacó*, Machado de Assis nos enseña, por la voz del consejero Aires, que lo imprevisto es una especie de "dios suelto, a quien es preciso tributar algunas acciones de gracias; puede tener voto decisivo en la asamblea de los acontecimientos". La lección del maestro de Cosme Velho anticipa de forma elocuente el terreno movedizo de la acción internacional en el que nos encontramos hoy.

Escribí *La identidad internacional de Brasil* a lo largo del año 2000, antes, por lo tanto, de asumir, en el comienzo de 2001, las funciones de ministro de Relaciones Exteriores, en respuesta a la honrosa invitación que me hiciera el presidente Fernando Henrique Cardoso. Consciente de la complejidad de la tarea y de los desafíos que debería enfrentar, asumí con entusiasmo las responsabilidades del cargo, del cual ya había sido titular, durante un breve pero intenso período, en 1992.

Lo que desconocía en aquel ya distante enero de 2001 –y no podía saberlo, pues ésta es la forma de actuar del *dios suelto* del que nos habla Aires– era que lo imprevisto iba a intervenir, alterando abruptamente el curso de los acontecimientos y la propia agenda diplomática internacional. El

11

mundo cambió después de los atentados terroristas del 11 de septiembre, que no sólo dieron lugar a una redefinición del funcionamiento del sistema internacional, sino que también desplazaron el eje diplomático.

El 11 de septiembre mostró de forma dramática algo que en el libro está articulado de manera más despojada, a saber: el mundo opera hoy mediante la interacción de una multiplicidad de redes, que diluyen la diferencia entre lo interno y lo externo. El funcionamiento de esas redes crea una multiplicidad de actores gubernamentales y no gubernamentales que, al operarlas, conducen, para bien o para mal, el gobierno o la falta de gobierno en el mundo. Esas redes tienden a escapar del control del los estados y de las organizaciones internacionales, poniendo en cuestión el tema de la racionalidad de los mecanismos tradicionales de la economía, de la diplomacia y de la guerra, y multiplicando los riesgos difusos de la violencia.

La fragmentación de las cadenas de poder representa un desafío para la democracia. Determina la emergencia de nuevos temas de la agenda de seguridad –terrorismo, movimientos armados, tráfico de drogas, lavado de dinero–, lo cual torna evidente, para un país como el nuestro, algo que ya está señalado en el libro: el tema de la porosidad de las fronteras.

Si el 11 de septiembre condujo, en el plano político, a la preponderancia, en el momento actual de una lectura hobbesiana/maquiavélica de la realidad internacional –es decir, al realismo de los factores de poder–, en el plano económico su influencia no llegó a constituir un punto de inflexión significativo. La lectura grociana de la realidad internacional se mantuvo presente en el campo de las negociaciones comerciales. Las normas y la diplomacia siguen siendo en ese plano un factor relevante en la resolución de conflictos y en la promoción de la cooperación.

Realizada en noviembre, aún bajo el impacto de los atentados, la Conferencia Ministerial de la OMC, en Doha, resultó beneficiada por la necesidad de demostraciones concretas de progreso en la cooperación internacional y de afirmación del multilateralismo. Doha se benefició también del fracaso de Seattle en 1999. La Conferencia contribuyó a dar nuevo vigor a la OMC y a la recuperación de su credibilidad y legitimidad: se lanzó una nueva y amplia ronda de negociaciones; se adoptaron decisiones para la implementación de acuerdos de la Ronda Uruguay en temas de interés para los países en desarrollo.

En contraste con la señal positiva proveniente de Doha, hemos tenido ejemplos recientes de la fuerza del sentimiento proteccionista, sobre todo en los Estados Unidos, pero también en la Unión Europea. Si bien no se trata de una tendencia reciente, ni necesariamente más restrictiva de lo que ya se había comprobado en el pasado, se debe señalar que esas manifestaciones de carácter proteccionista ejercen un efecto negativo sobre los procesos negociadores, en la medida en que debilitan la política de confianza inherente a esos mismos procesos.

El caso argentino es también un ejemplo elocuente de las imperfecciones de la actual arquitectura financiera internacional, objeto de discusión en este libro. Como dijo el presidente Cardoso, no se pueden resolver las cuestiones comerciales y financieras mediante la invocación al fundamentalismo de mercado, menos aún a un fundamentalismo de mercados distorsionados por el proteccionismo y los subsidios.

Continuamos viviendo pues, en el campo económico, como en la expresión de Charles Dickens, en el mejor de los tiempos y en el peor de los tiempos. El multilateralismo ha sido reforzado con el lanzamiento de una nueva ronda de negociaciones en la OMC, y hay procesos en curso que podrán abrir grandes oportunidades a los países como Brasil en sus principales mercados de exportación. Al mismo tiempo, el proteccionismo ha dado muestras de un renovado vigor.

Son muchos los desafíos que se nos plantean. La magnitud de los problemas internos de un país en desarrollo, de escala continental; las dificultades de sincronía entre los diferentes tiempos (mediático, financiero, económico, político y diplomático) en la conducción de las políticas públicas, que discuto en este libro, y la indefinición de las polaridades que caracteriza el mundo actual vuelven aún más arduos estos desafíos. Pienso, no obstante, que la reseña histórica de la inserción y de la construcción de la identidad internacional de Brasil –que constituye, en sus múltiples facetas, el eje estructural analítico de este libro–, así como la calidad del sentido de dirección que el presidente Fernando Henrique Cardoso ha fijado en la diplomacia brasileña en sus dos mandatos, constituyen una base para enfrentar esas dificultades de forma positiva, al proporcionar las condiciones necesarias para una acción exitosa en la conducción del interés nacional.

Brasilia, mayo de 2002

Nota introductoria

Este libro fue escrito en el año 2000 en respuesta a una invitación de la editorial Perspectiva. Es un balance de mis investigaciones y reflexiones de muchos años sobre la política exterior brasileña, profundizado por mi experiencia diplomática en la década de 1990. En este sentido, combiné metodológicamente el ángulo externo del estudioso de las relaciones internacionales y el ángulo interno de quien vivió, en la práctica, los límites y las posibilidades del choque entre los conceptos y las realidades.

Su punto de partida fue un artículo de 1967 sobre el sistema de nuestras relaciones internacionales. Su antecedente inmediato fue la invitación que recibí en agosto de 1999 para escribir un texto sobre política exterior en un número especial de *Daedalus* –la revista de la Academia Estadounidense de Artes y Ciencias– dedicado a nuestro país. Ese volumen colectivo, *Brazil: the burden of the past; the promise of the future*, fue publicado en la primavera norteamericana del año 2000 (vol. 129, núm. 2) y concebido en el contexto reflexivo que produjo el quinto centenario.

El presente libro es una ampliación elaborada del texto de *Daedalus* en la que intento interpretar a Brasil desde la perspectiva de la política exterior, destacando la relación continuidad/cambio del proceso histórico de inserción de nuestro país en el mundo.

En este esfuerzo de interpretación, busqué también explicitar el "modelo" de las relaciones internacionales de Brasil. Para ello procuré, un poco a la manera de Max Weber, construir un "tipo ideal", esto es, una organización de relaciones inteligibles características de una sucesión de acontecimientos, que adquieren significado a la luz de nuestro presente. Debo señalar que, en la elaboración del "modelo", realcé lo que considero su coherencia profunda, de larga duración, y no sus incoherencias coyunturales, que evidentemente existen y son una consecuencia natural de las contradicciones de la vida y de la acción política.

En el comienzo del siglo XXI, cuando la interacción Brasil/mundo es tan importante para la configuración del destino nacional y el interés por las relaciones internacionales está creciendo en nuestro país, tengo la esperanza de que este libro pueda contribuir a la discusión y al debate democrático de la política exterior como una política pública importante.

CELSO LAFER
San Pablo, enero de 2001

1. El significado de la identidad internacional en un mundo globalizado

El término *identidad* está cargado de problemas. Una de sus muchas dificultades es la relación con otros términos, tales como alteridad, diferencia, igualdad. A pesar de las dificultades, se puede entender, de forma aproximada, como un conjunto más o menos ordenado de predicados mediante los cuales se responde a la pregunta: ¿quién eres? Si la respuesta a esta pregunta en el plano individual no es simple, en el plano colectivo siempre es compleja.

El punto de partida de la construcción de la identidad colectiva, como observa Bovero, es la idea de un bien o interés común que lleva a las personas a afirmar una identidad por semejanza, basada en una visión compartida de este bien o interés común.[1] Así, por ejemplo, se puede hablar de la existencia de una identidad política de izquierda o de una identidad religiosa católica. Asimismo se puede hablar de identidades nacionales, que paradójicamente se formaron y se for-

[1] Michelangelo Bovero, "Identità individuali e colletive", *Richerche Politique Due. Identità, interessi e scelte colletive*, Milán, Il Saggiatori, 1983, pp. 31-57.

19

man en función de la vida internacional, en el contacto y en la interacción con el Otro. Al analizar la creación de las identidades nacionales en la Europa de los siglos XVIII, XIX y XX, Anne-Marie Thiesse señala que, si bien la nación nace de un postulado y de una invención, ella sólo vive por la adhesión colectiva a esta invención, es decir, en virtud de la interiorización, por parte de una ciudadanía, de aquello que se considera el repertorio común. Si este repertorio es o no una realidad, si es efectivamente común,[2] si de él deriva una base de solidaridad que sostiene una convivencia colectiva apropiada, todo ello es materia de una discusión histórica, sociológica y filosófica recurrente en Brasil y en los países del mundo. Esta problematicidad, por así decirlo, ontológica, no es lo que caracteriza a la política exterior y a la actividad diplomática. Éstas tienen, en efecto, como un ítem permanente en la agenda, la defensa de los intereses de un país en el plano internacional. Identificar esos intereses y su especificidad, diferenciándolos de los de los otros actores que operan en la vida internacional, es por consiguiente un problema práctico y un ejercicio diario de la representación de la identidad colectiva de un país.

Traducir necesidades internas en posibilidades externas para ampliar el poder de control de una

---

[2] Anne-Marie Thiesse, *La création des identitès nationales. Europe XVIIIème-XX siècles*, París, Seuil, 1999, pp. 11-18; Ernst Gellner, *Encounters with nationalism*, Oxford, Blackwell, 1994.

sociedad sobre su destino, que es a mi juicio la tarea de la política exterior considerada como política pública, implica una evaluación de la especificidad de esos intereses.[3] Esta evaluación se basa en una visión, más o menos explícita, de cómo realizar el bien común de la colectividad nacional, lo cual no es una tarea simple. En un régimen democrático, como es el caso de Brasil, presupone procesos de consulta y mecanismos de representación. Requiere mapas de conocimiento nuevos y abarcadores, a la luz del proceso de globalización que, afirmado en la innovación tecnológica, no sólo aceleró el tiempo y acortó las distancias, sino que también diluyó la diferencia entre lo "interno" y lo "externo".

La dilución de la diferencia entre lo "interno" y lo "externo" lleva al cuestionamiento de una de las hipótesis de trabajo clásicas de la teoría de las relaciones internacionales: la que confería a la política exterior una esfera de autonomía en relación con la política interna. Tal autonomía se afirmaba en el carácter predominantemente interestatal e intergubernamental del funcionamiento del sistema internacional que configuró la Paz de Westfalia (1648).

En una configuración interestatal, son el diplomático y el soldado quienes viven y simbolizan

<hr />

[3] Sobre la política exterior como política pública, cf. Marcel Merle, "La politique étrangère", en Madeleine Grawitz y Jean Leca (comps.), *Traité de science politique, 4, Les politiques publiques*, París, PUF, 1985, pp. 467-533.

las relaciones internacionales, básicamente concentradas en la diplomacia y en la guerra como expresión de la soberanía, según el planteo de Raymond Aron.[4]

La expresiva dilución entre lo "interno" y lo "externo", que está siendo intensificada por el movimiento centrípeto de la lógica de la globalización, cambió la dinámica de las relaciones internacionales. Por esta razón, hoy los estudiosos tienden a definir el campo como el de las complejas redes de interacción gubernamentales y no gubernamentales, que estructuran el espacio del planeta y el gobierno del mundo. De allí derivan el tema de una diplomacia global y el problema correlativo de su multiplicidad de actores, entre los que se incluyen, comúnmente, las empresas transnacionales, las organizaciones no gubernamentales, los medios masivos –y su papel en la estructuración de la agenda de la opinión pública–, los partidos políticos, los sindicatos, las agencias de *rating* del mercado financiero, etcétera.[5]

Esta ampliación del campo no elimina, sin embargo, la importancia de los estados y de las

[4] Raymond Aron, *Paix et guerre entre les nations*, 3ª ed., París, Calmann-Levy, 1962, p. 18.
[5] Cf. Marie-Claude Smouts (comp.), *Les nouvelles relations internationales. Pratiques et théories*, París, Presses de Science Po., 1998, p. 14, "Introducción"; Luigi Bonanate, "Il secolo delle relazioni internazionali, en *Teoria Politica*, XV, núm. 2-3, 1999, pp. 5-27; Keith Hamilton y Richard Langhorne, *The practice of diplomacy, its evolution, theory and administration*, Londres/Nueva York, Routledge, 1995.

naciones en la dinámica de la vida internacional. En efecto, no sólo los individuos continúan proyectando sus expectativas, reivindicaciones y esperanzas sobre las naciones a las que pertenecen, sino que también el bienestar de la inmensa mayoría de los seres humanos sigue íntimamente vinculado al desempeño de los países en los que viven. La legitimación de los gobiernos se apoya, por tanto, cada vez más en la eficacia que demuestran en la atención de las necesidades y aspiraciones de los pueblos a los que representan. Por esta razón, en el mundo contemporáneo los estados y los gobiernos son y siguen siendo instancias públicas de intermediación indispensables.[6] Instancia *interna* de intermediación de las instituciones políticas del Estado con una población que, en un territorio, comparte un repertorio de bienes económicos, de conocimientos técnicos y científicos, de información y de cultura; instancia *externa* de intermediación con el mundo.

Esta intermediación externa parte de una visión de la identidad colectiva, de un *nosotros* que señala especificidades. Entre estas especificidades

[6] Cf. Margareth Canovan, *Nationhood and political theory*, Cheltenham, Edward Elgar, 1996; Celso Lafer, discurso de asunción al cargo de ministro de Desarrollo, Industria y Comercio, 4 de enero de 1999, en *Desenvolvimento, Indústria e Comércio. Debates, Estudos, Documentos*, I (informe de actividades, 1 de enero de 1999 a 16 de julio de 1999, del ministro Celso Lafer en el MDIC), San Pablo, FIESP/CIESP, Instituto Roberto Simonsen, 1999, pp. 7-8.

cabe destacar la localización geográfica en el mundo, la experiencia histórica, el código del idioma y de la cultura, los niveles de desarrollo y los datos de la estratificación social.

Tal diferenciación obedece a la lógica de las identidades que interactúa con la lógica de la globalización en el sistema internacional, en el que reverbera en moldes nuevos el juego dialéctico entre las "luces" de la objetividad racional de la "Ilustración" y la subjetividad de la autoexpresión individual y colectiva liberada por el Romanticismo. Es esta interacción la que constituye el pluralismo del mundo. Y de allí proviene la razón de ser de la diferenciación de intereses estratégicos, políticos y económicos y de visiones que configuran la perspectiva organizadora y las coordenadas de la inserción de un país en el mundo. Por este motivo, la diplomacia, como una política pública, se alimenta en una dialéctica de mutua implicación y polaridad tanto de la historia del "yo" como de la historia del "otro", como señala Luiz Felipe de Seixas Corrêa.[7]

Ortega y Gasset observó que la perspectiva es uno de los componentes de la realidad; no la deforma, sino que la organiza.[8] Esta valoración epistemológica de carácter general es, por los moti-

[7] Luiz Felipe de Seixas Corrêa, "Política externa e identidade nacional brasileira", en *Política Externa*, vol. 9, núm. 1, junio/julio/agosto de 2000, p. 29.

[8] José Ortega y Gasset, *El tema de nuestro tiempo*, 13ª ed., Madrid, Revista de Occidente, 1958, cap. X.

vos ya expuestos, sumamente apropiada para el análisis de la política exterior, que es naturalmente la expresión del punto de vista de un país sobre el mundo y su funcionamiento. Este punto de vista puede tener, como es el caso de Brasil, una dimensión de continuidad, explicable en función del impacto de ciertos factores de persistencia de la inserción del país en la vida internacional. Tales factores de persistencia están ligados a lo que Renouvin y Duroselle califican como "fuerzas profundas", que ofrecen elementos indispensables para explicar, de forma más abarcadora, iniciativas, gestos y decisiones gubernamentales.[9] En el caso brasileño, entre otros factores, cabe destacar el elemento geográfico de América del Sur; la escala continental; la relación con los numerosos países vecinos; la unidad lingüística; la menor proximidad, desde la Independencia en 1822, de los focos de tensión presentes en el centro del escenario internacional; el tema de la estratificación, y el desafío del desarrollo. Estos factores de persistencia ayudan a explicar rasgos importantes de la identidad internacional de Brasil, esto es, el conjunto de circunstancias y predicados que diferencian su visión y sus intereses, como actor en el sistema mundial, de los que caracterizan a los demás países.

[9] Pierre Renouvin y Jean-Baptiste Duroselle, *Introduction à l'histoire des relations internationales*, 4ª ed., París, Colin, 1991.

Para la construcción de la identidad internacional de Brasil contribuyó mucho la acción continua en el tiempo y cualitativa en la materia del Ministerio de Relaciones Exteriores, que logró afirmarse, a lo largo de la historia brasileña, como una institución permanente de la nación y apta para representar sus intereses, por estar dotado de autoridad y de memoria. La conciencia de la memoria de una tradición diplomática –la existencia de los antecedentes, en el lenguaje burocrático– confiere a la política exterior brasileña la coherencia que deriva de la amalgama de las líneas de continuidad con las de innovación, en una "obra abierta" orientada hacia la construcción del futuro por medio de la afirmación de la identidad internacional del país. De allí deriva cierto estilo de comportamiento diplomático que caracteriza a Itamaraty y que es, como todo estilo, expresión de una visión del mundo.[10]

Con la nitidez conceptual que fue la marca de su presencia en la vida pública brasileña, San Tiago Dantas formuló en los siguientes términos la relación entre pasado y futuro, tradición y renovación, a propósito de la política exterior y del papel de Itamaraty:

[10] Celso Lafer, "A autoridade do Itamaraty", en *A inserção internacional do Brasil. A gestão do Ministro Celso Lafer no Itamaraty*, Brasilia, MRE, 1993, pp. 375-387.

La continuidad es un requisito indispensable de toda política exterior, pues si en relación con los problemas administrativos del país son menores los inconvenientes resultantes de la rápida liquidación de una experiencia o del cambio en un rumbo adoptado, en relación con la política exterior es esencial que la proyección de la conducta del Estado en el seno de la sociedad internacional revele un alto grado de estabilidad y asegure credibilidad a los compromisos asumidos.

La política exterior de Brasil ha respondido a esa necesidad de coherencia en el tiempo. A pesar de que los objetivos inmediatos se transforman bajo la evolución histórica de la que participamos, la conducta internacional de Brasil ha sido la de un Estado consciente de los propios fines, gracias a la tradición administrativa que heredó la Cancillería brasileña, tradición que nos ha valido un concepto justo en los círculos internacionales.[11]

En los capítulos siguientes examinaré los rasgos básicos de la identidad internacional de Brasil a partir de estas líneas de razonamiento, orientadas a buscar y a aprehender las tendencias inherentes a la "larga duración" de la diplomacia brasileña. Mi objetivo es mostrar cómo los rasgos de la identidad y de su evolución configuraron la política exterior del país en el pasado; a continuación,

[11] San Tiago Dantas, *Política externa independente*, Río de Janeiro, Civilização Brasileira, 1962, p. 17.

mostrar cómo configuran sus características actuales, y, finalmente, especular sobre el tipo de impacto que podrían tener en la elaboración del futuro de la política exterior de Brasil.

A partir de esta línea de razonamiento propondré algunas reflexiones acerca de la política exterior brasileña en el cambio del milenio, afirmadas en el proceso de construcción de nuestra identidad internacional.

2. Brasil como un país de escala continental. La relevancia de los orígenes históricos en la construcción de la identidad internacional brasileña

Brasil tiene una especificidad que le proporciona una identidad singular en el ámbito del sistema internacional, en el siglo que se inicia. Es, por sus dimensiones, un país continental, como los Estados Unidos, Rusia, China (miembros permanentes del Consejo de Seguridad) y la India. Por esta razón, George F. Kennan, en *Around the cragged hill*, al pensar sobre el tema de las dimensiones en la experiencia política norteamericana, incluyó a Brasil junto con estos países en la categoría de *monster country*, considerando en la construcción de esta calificación, además de los datos geográficos y demográficos, los económicos y políticos y la magnitud de los problemas y desafíos.[1] En efecto, Brasil, por el tamaño de su territorio (8.547.000 km², el quinto país del mundo en extensión), de su población (170 mi-

[1]   George F. Kennan, *Around the cragged hill. A personal and political philosophy*, Nueva York, Norton, 1993, p. 143.

llones de habitantes) y por su PBI (que sitúa a la economía brasileña entre las diez mayores del mundo), es, naturalmente, parte de la tesitura del orden internacional. Tiene, por consiguiente, una *world view*, como registra Kissinger al relatar sus conversaciones con las autoridades brasileñas en la década de 1970.[2]

Brasil es, evidentemente, muy diferente de China e India, países asiáticos de cultura milenaria; de Rusia, situada entre Asia y Europa y una presencia relevante desde hace siglos en la cultura y la política de este continente; y también de los Estados Unidos, que en el inicio del siglo XX surgen como un actor fundamental en el escenario mundial. Los Estados Unidos, a pesar de compartir con Brasil el hecho de formar parte del "nuevo mundo" creado por la expansión europea a partir de los descubrimientos del siglo XVI, se singularizan inequívocamente por ser hoy la única superpotencia en el sistema internacional apta para actuar en el mundo posterior a la Guerra Fría en todos los campos diplomáticos: el estratégico militar, el económico y el de los valores. Además de estos y de muchos otros aspectos que nos diferencian de los países continentales mencionados, cabe destacar, en la reflexión sobre nuestra identidad internacional, que Brasil, por estar situado en América del Sur, no está ni estuvo nunca en su historia en la línea de frente de las

---

[2] Henry Kissinger, *Years of renewal*, Londres, Weidenfeld and Nicolson, 1999, p. 740.

tensiones internacionales prevalecientes en el campo estratégico militar de la guerra y de la paz. Por eso, volviendo a Kennan, no es un *monster country* asustador y no frecuenta, con asiduidad, los libros de relaciones internacionales y de historia diplomática mundial.

Si uno de los elementos de la identidad internacional de Brasil es su escala continental, si el territorio es una de las dimensiones de la nación (dimensión que lleva a que la delimitación del espacio nacional sea un momento importante de la política exterior de cualquier Estado), cabe preguntar: ¿cómo se fue configurando la escala continental del país que es hoy Brasil?

Su especificidad geográfica es resultado de un proceso histórico que se inició hace 500 años. *Navegantes, bandeirantes** y *diplomáticos* fueron los tres agentes sociales que en el curso de la creación de Brasil configuraron la escala del país, como mostró Synésio Sampaio Góes Filho en un libro reciente sobre la formación y la delimitación de las fronteras nacionales. En el análisis de ese proceso él subraya que la geografía del país que es hoy Brasil resultó: (i) de los navegantes portugueses que descubrieron el continente sudamericano (en lo que puede considerarse como

---

* Los *bandeirantes* eran los miembros de las expediciones armadas llamadas *bandeiras* que, de fines del siglo XVI a comienzos del XVIII, partían de la capitanía de San Vicente (después, San Pablo) a explorar las tierras del interior con el propósito de capturar mano de obra indígena o descubrir minas. (N. de la T.)

la primera leva de la globalización); (ii) de los bandeirantes que ocuparon el territorio y fueron mucho más allá de los límites establecidos por el Tratado de Tordesillas, celebrado en 1494 entre las coronas española y portuguesa y orientado muy en especial a fijar la línea divisoria de las zonas de influencia portuguesa y castellana en el Atlántico, y (iii) de los diplomáticos que, a partir de una acción iniciada en el siglo XVIII, fueron consolidando la titularidad jurídica del territorio nacional, sea mediante la negociación de tratados, sea por medio del arbitraje internacional.[3]

En efecto, el origen de la escala continental de Brasil se encuentra en la expansión ultramarina portuguesa, uno de los ingredientes inaugurales de la Edad Moderna. Con los descubrimientos y sus consecuencias, Portugal dejó de ser un pequeño reino independiente de la península ibérica e ingresó en su época imperial, en una metamorfosis que instaló, como observó Eduardo Lourenço, al país y la cultura lusitana en un espacio cerrado, pero de ámbito universal.[4]

La expansión ultramarina portuguesa tuvo como base una acción deliberada que se orientó ha-

[3] Synésio Sampaio Góes Filho, *Navegantes, bandeirantes, diplomatas. Um ensaio sobre a formação das fronteiras do Brasil*, San Pablo, Martins Fontes, 1999. Sobre Tordesillas, cf. Paulo Roberto de Almeida, *Relações internacionais e política externa do Brasil*, Porto Alegre, Editora da UFRGSS, 1998, pp. 101-120.

[4] Eduardo Lourenço, *Mitologia da saudade*, San Pablo, Companhia das Letras, 1999, p. 96.

cia el desarrollo en Portugal, en el siglo XV, de la ciencia de la navegación. De allí derivan los avances técnicos en la construcción de navíos, en los instrumentos náuticos, en la cartografía y en la capacidad de orientación en el mar por medio del conocimiento de la astronomía.

El peso de la ciencia de la navegación es indicativo de que los descubrimientos portugueses no fueron una improvisación. No dejaron de tener, sin embargo, un componente muy fuerte de aventura, pues significaban, en las palabras de Camões, en *Los Lusiadas*, singlar "por mares nunca antes navegados" (I, 1).

La aventura de la expansión ultramarina portuguesa, asentada en los conocimientos de la navegación, tuvo como uno de sus fundamentos la valorización de un saber extraído de la experiencia. Sobre la base de *ver* y no de *leer* se desarrollaron en Portugal la astronomía de posición y la geografía física.[5] Esta tradición portuguesa de una comprensión que reposa en la experiencia, está afirmada en *Los Lusiadas* (VI, 99).

En su poema, la única gran epopeya de la modernidad, Camões –que fue al mismo tiempo poe-

[5] Luis de Albuquerque, "The art of astronomical navigation", en Max Guedes y Geraldo Lombardi (comps.), *Portugal-Brazil: the age of Atlantic discoveries*, Lisboa/Milán/Nueva York, Bertrand Editora/Franco Maria Ricci/Brazilian Cultural Foundation, 1990, pp. 23-63; Milton Vargas, "A ciência do Renascimento e a navegação portuguesa", en *Revista Brasileira de Filosofia*, vol. 44, fasc. 190, abril/mayo/junio de 1998, pp. 141-154.

ta, navegante y guerrero– expresa la identidad y los propósitos de Portugal, oriundos de las grandes navegaciones, que están en el origen de Brasil. Expresa las intenciones de expandir la Fe y el Imperio (I, 2), promover el comercio (VII, 62), incluido el del palo brasil, primera actividad exportadora del nuevo país, debidamente nombrado por el poeta (X, 40), que tiene en una de las manos la espada (de la conquista) y en la otra la pluma (de la cultura) (VII, 79).

El saber construido en las experiencias, valorizado por Camões (IV, 94), le proporcionó, como señala Gilberto Freyre, una mirada antropológica, atenta a lo diferente de las culturas, de la flora y de la fauna, y abierta a la atracción por las mujeres no europeas.[6] Esta atracción, en sus desdoblamientos colectivos, es uno de los componentes de la mezcla racial que configuraría al pueblo de Brasil; y la mirada lusitana abierta a lo diferente es un dato clave en la ocupación de lo que llegaría a ser nuestro territorio.

En efecto, según Sérgio Buarque de Holanda, para poder recorrer los caminos –la convocatoria al movimiento que instigó a los *bandeirantes* paulistas, en un proceso que extendió las fronteras de la presencia portuguesa en América del Sur– era necesario lidiar con su realidad. En el trato con la realidad sudamericana, la acción colonizadora se

---

[6] Gilberto Freyre, *Camões: vocação de antropólogo moderno?*, San Pablo, Conselho da Comunidade Portuguesa do Estado de São Paulo, 1984.

realizó mediante una continua adaptación al medio ambiente, con una flexibilidad abierta hacia los hábitos primitivos y rudos de los indígenas, para implantar más tarde y de a poco, sobre la base de la experiencia, las formas de vida traídas de Europa.

Esta flexibilidad en el trato con un continente desconocido, que hizo factible la "atracción por el *sertão*" e impulsó las *bandeiras*, explica también el carácter específico de las "*monções*",* que están en la base de la ocupación del oeste. Y fueron esos movimientos por el territorio los que llevaron a la "frontera conquistada" del río Amazonas, así como impulsaron la búsqueda de la "frontera deseada" del Río de la Plata.[7]

En estos movimientos tuvieron un papel decisivo la acción local y la codicia que la instigaba, pero también estuvo presente el papel directivo de la Corona portuguesa. Esto último fue destacado por Jaime Cortesão en su análisis de la actuación de Raposo Tavares en la formación

---

* Nombre dado a las expediciones que subían y bajaban por los ríos de las capitanías de San Pablo y Mato Grosso, en los siglos XVII y XIX, poniéndolas en comunicación. (N de la T.)

[7] Sérgio Buarque de Holanda, *Caminhos e fronteiras*, Río de Janeiro, José Olympio, 1957, *Monções*, San Pablo, Brasiliense, 1990, y O *extremo oeste*, San Pablo, Brasiliense, 1986; Ilana Blaj, "Sérgio Buarque de Holanda: historiador da cultura material", en Antonio Candido (comp.), *Sérgio Buarque de Holanda e o Brasil*, San Pablo, Editora Perseu Abramo, 1998, pp. 29-48; Synésio Sampaio Góes Filho, *Navegantes, bandeirantes, diplomatas*, ob. cit., pp. 89-159.

territorial de Brasil, en especial de su última y gran *bandeira* de límites. La empresa de Raposo Tavares reproduce en tierra firme, en el siglo XVII, la aventura en el mar de los siglos XV y XVI. Al decir del padre Antonio Vieira, en una carta de 1654 que cita Jaime Cortesão, se trata de algo comparable con los hechos fabulosos de los argonautas y es un ejemplo de constancia y de valor, manchado no obstante por la violencia de los homicidios y latrocinios ejercida sobre los indios, una cara sombría de las *bandeiras* que no se puede ignorar.[8]

Los caminos y la expansión de las fronteras de los dominios portugueses en América del Sur proporcionan uno de los sentidos de la historia de Brasil, que es, según José Honório Rodrigues, el del descubrimiento, la conquista, la ocupación efectiva y la integración del espacio nacional.[9]

Este sentido de la historia de Brasil tuvo su confirmación y su reconocimiento por medio de la acción de los diplomáticos, que de ese modo complementaron la acción de los navegantes y de los *bandeirantes* en la delimitación del espacio nacional durante y después del período colonial. De 1580 a 1640, la época filipina del Brasil, re-

[8] Jaime Cortesão, *Raposo Tavares e a formação territorial do Brasil*, Río de Janeiro, MEC, Serviço de Documentação, 1958, pp. 379-380, 439-449.

[9] José Honório Rodrigues, *História combatente*, Río de Janeiro, Nova Fronteira, 1982, pp. 94-101; Demétrio Magnoli, *O corpo da Pátria. Imaginação geográfica e política externa no Brasil*, San Pablo, UNESP/Moderna, 1997, caps. I, II y VI.

sultado de la unión de España y Portugal en una monarquía dual, la expansión del territorio se vio políticamente facilitada pues no había problemas diplomáticos que estimulasen la diferenciación entre posesiones portuguesas y españolas.[10] A continuación, merecen señalarse, en primer lugar, las negociaciones que tuvieron lugar de 1641 a 1699 entre Portugal y Holanda, que han sido objeto de un estudio reciente y de calidad superior por parte de Evaldo Cabral de Mello. Por medio de estas negociaciones, Portugal recreó diplomáticamente el carácter monolítico de su dominio en América del Sur, que se había quebrado durante un cuarto de siglo debido a la presencia holandesa en Pernambuco en la época filipina. Este dato de la política externa tuvo gran importancia y llegó a ser en el futuro uno de los factores de la unidad territorial de Brasil.[11]

En el siglo XVIII, hay que destacar el Tratado de Madrid, celebrado en 1750 entre la Corona portuguesa y la española, que fijó por primera vez los límites de las respectivas posesiones en América. Este Tratado representa el marco inicial de la acción diplomática orientada a la configuración ju-

[10]   Sobre la realidad histórica de Brasil en el período filipino, cf. Roseli Santaella Stella, *O dominio espanhol no Brasil durante a monarquia dos Filipes, 1580-1640*, San Pablo, Unibero, 2000, y el importante prefacio de Luiz Felipe de Seixas Corrêa.
[11]   Evaldo Cábral de Mello, *O negócio do Brasil, Portugal, os Países Baixos e o Nordeste*, 2ª ed., Río de Janeiro, Top Books, 1998, p. 14.

rídica del territorio brasileño y tuvo como negociador, por la parte portuguesa, a Alexandre de Gusmão, nacido en Santos, Brasil. El significado del Tratado consistió en la renuncia a las líneas imaginarias de demarcación, como lo explicó el barón de Rio Branco en 1894 al discutir la cuestión de los límites entre Brasil y la Argentina, que fue sometida con éxito a la decisión arbitral del presidente Cleveland, de los Estados Unidos.[12] En efecto, el Tratado fue concebido en torno de dos objetivos concretos, expresados del siguiente modo en el lenguaje directo de su preámbulo:

> El primero y principal es que se señalen los límites de los dos Dominios, tomando como balizas los parajes más conocidos, para que en ningún momento se confundan, ni den ocasión a disputas, tales como el origen y curso de los ríos, y los montes más notables; el segundo, que cada parte quedará con lo que posee actualmente, con excepción de las mutuas cesiones, que se dirán en su lugar; las cuales se harán por conveniencia común, y para que los Confines queden, tanto como sea posible, menos sujetos a controversias.[13]

[12] Rio Branco, *Exposição que os Estados Unidos do Brasil Apresentam ao Presidente dos Estados Unidos da América como Árbitro, Segundo as Estipulações do Tratado de 7 de Setembro de 1889, Concluído entre o Brasil e a República Argentina*, vol. 2, *Exposição* (The Original Statement), Nueva York, 1984, p. 24.
[13] El texto está reproducido en Jaime Cortesão, *Alexandre de Gusmão e o Tratado de Madrid*, Río de Janeiro, Ministério das Relações Exteriores/Instituto Rio Branco, 1956, parte I, tomo II, p. 365.

El Tratado de Madrid representó jurídicamente la superación del Tratado de Tordesillas y consagró de manera creativa dos reglas básicas para delimitar las inmensas áreas coloniales del centro de América del Sur: el reconocimiento de la ocupación, que los juristas comenzaron a calificar como *uti possidetis*, y la búsqueda de fronteras naturales. Debido a la utilización de estas dos reglas en las posiciones defendidas en disputas territoriales, tanto en el Imperio como en la República, A. G. de Araújo Jorge definió a Alexandre de Gusmão como el abuelo de los diplomáticos brasileños.[14]

Esta definición es totalmente procedente, ya que la herencia portuguesa del Tratado de Madrid estableció una línea de continuidad que el Brasil independiente cultivó ulteriormente, transformando "la idea de *límite* de la era colonial en la idea de *frontera*, base de la vecindad, de la cooperación y de la paz", en las palabras de Oswaldo Aranha,[15] para de ese modo encaminar el primer ítem de toda agenda diplomática: el de la fijación de las fronteras, base de la especificidad de la política exterior que presupone una dife-

[14] A. G. de Araújo Jorge, *Ensaios da história e crítica*, Río de Janeiro, Ministério das Relações Exteriores, 1948, pp. 105-142.
[15] Oswaldo Aranha, "Limite, fronteira e paz" (conferencia pronunciada en la Universidad de Bucknell, Pensilvania, el 8 de julio de 1937), en Oswaldo Aranha, *1894-1960. Discursos e conferências*, Brasilia, Fundação Alexandre de Gusmão, 1994, p. 21.

rencia entre lo "interno" (el espacio nacional) y lo "externo" (el mundo).

El territorio es uno de los componentes de un estado nación en el plano internacional. El gobierno es otro. La creación de un gobierno soberano en Brasil, en 1822, diferencia nuestro proceso de independencia de todos los demás países de las Américas en lo que fue la primera leva de la descolonización. El proceso de la independencia de Brasil es, de hecho, único, como lo destacó recientemente Kenneth Maxwell. Representó, según Maria Odila Silva Dias, la "interiorización de la metrópoli".[16]

En efecto, la ruptura que se instala en el proceso más amplio, político y económico, del desmembramiento del sistema colonial se produce con componentes importantes de continuidad en relación con Portugal, lo que distingue el ingreso de Brasil en el concierto de las naciones. Como es sabido, en 1808 la Corte portuguesa, con el apoyo de Gran Bretaña, combatió el expansionismo de las tropas napoleónicas en la Península Ibérica y se mudó a Brasil, un proyecto que no

[16] Kenneth Maxwell, "Porque o Brasil foi diferente? O contexto da Independência", en Carlos Guilherme Mota (comp.), *Viagem incompleta. A experiência brasileira (1500-2000)*, *Formação: histórias*, San Pablo, Senac San Pablo, 2000, pp. 179-195; Maria Odila Silva Dias, "A interiorização da metrópole (1808-1853)", en Carlos Guilherme Mota (comp.), *1822. Dimensões*, San Pablo, Perspectiva, 1972, pp. 160-184; Oliveira Lima, *D. João VI no Brasil, 1808-1821*, 2ª ed., 3 vols., Río de Janeiro, José Olympio, 1945.

era nuevo en Portugal. La presencia en Brasil del príncipe regente D. João, que se extendió hasta 1821, trasladó la metrópoli a la colonia, y cabe señalar que en 1815, por sugerencia del Congreso de Viena, del cual participó Portugal, Brasil fue elevado a la categoría de reino unido a los de Portugal y Algarves. En 1822, el hijo del ya por entonces rey D. João VI, el príncipe heredero D. Pedro, que había permanecido en Brasil como regente, proclamó la Independencia, y finalmente se obtuvo, gracias al apoyo inglés, el reconocimiento internacional del nuevo imperio por el tratado de 1825, celebrado entre padre e hijo.[17] Éste es un dato político que ayuda a explicar por qué la relación entre Portugal y Brasil, desde la

[17] Los textos de la Carta de la Ley que eleva a Brasil a la categoría de reino (16 de diciembre de 1815) y el Tratado de Paz y Alianza entre el Señor D. Pedro I, emperador de Brasil, y D. João VI, rey de Portugal, del 29 de agosto de 1825, están reproducidos en *Textos de direito internacional e da história diplomática* de 1815 a 1949, reunidos y anotados por Rubens Ferreira de Mello, Río de Janeiro, A. Coelho Branco, 1950, pp. 15-17, 24-27; Hélio Vianna, *História da República/História diplomática do Brasil*, 2ª ed., San Pablo, Melhoramentos, s/f, pp. 164-173; Amado Luiz Cervo y José Calvet de Magalhães, *Depois das caravelas. As relações entre Portugal e o Brasil, 1808-2000* (compilado y presentado por Dário Moreira de Castro Alves), Lisboa, Ministério de Negócios Estrangeiros/Instituto Camões, 2000, pp. 53-102. Hélio Jaguaribe explica muy bien el significado de la venida de D. João VI a Brasil en el proceso de desarrollo político de Brasil, en *Desenvolvimento econômico e desenvolvimento político*, 2ª ed., Río de Janeiro, Paz e Terra, 1969, pp. 141-149.

Independencia, no es propiamente la de una ex metrópoli y una ex colonia, como sí ocurrió con frecuencia entre España y sus antiguas posesiones en las Américas.

En 1822, lo que estaba en juego con la afirmación de una nueva soberanía era la integridad territorial y la estabilidad de la monarquía. En este contexto, el Imperio creó un Estado nacional efectivo y logró mantener a Brasil unido en el ámbito de su vasto territorio, dos de los grandes objetivos de sus constructores.

Pimenta Bueno, responsable de la consolidación constitucional del Imperio y cuya exégesis de la Constitución de 1824 contribuyó, al decir de Miguel Reale, al perfeccionamiento de la conciencia imperial que inspiró a los estadistas del Segundo Reinado,[18] expresa con claridad estos dos objetivos. En su análisis del artículo 1º destaca, de modo comprensible para el caso de un país nuevo, la importancia de la preservación de una "existencia nacional libre y soberana", y afirma que el territorio del Imperio es "su más valiosa propiedad", subrayando que su integridad y su indivisibilidad son "no sólo un derecho fundamental, sino también un dogma político". Analiza el poder moderador –facultad constitucional inspirada en las ideas de Benjamin Constant–, que contemplaba la Constitución de 1824 como una delegación a la Corona (art. 98). En este poder él observa

---

[18] Miguel Reale, *Figuras da inteligência brasileira*, 2ª ed., San Pablo, Siciliano, 1994, p. 50.

una facultad destinada a lograr que los diversos poderes políticos permanezcan en su ámbito y concurran armoniosamente hacia el bienestar nacional, al impedir sus abusos y mantener su equilibrio. Es, en síntesis, "el órgano político más activo y más influyente de todas las instituciones fundamentales de la nación".[19]

El ejercicio "abrasileñado" por parte de D. Pedro II del Poder Moderador, como el órgano más activo de la nación, es uno de los datos clave para entender el funcionamiento del orden que creó la monarquía constitucional. Uno de sus aspectos más importantes es la centralización política y administrativa. "Sin centralización no habría Imperio", decía el vizconde del Uruguai, quien recordaba en este contexto, al reflexionar sobre las realidades de Brasil en el siglo XIX: "Sin la centralización, ¿cómo ligar el Sur y el Norte del Imperio, cuando existen tantas diferencias en los climas, territorios, espíritu, intereses, comercio, productos y estado social?".[20]

El debate sobre los aspectos positivos y negativos de la centralización y sobre las posibilidades del federalismo, que finalmente se afirmó con la República, fue uno de los ítems importantes de

[19] J. A. Pimenta Bueno, *Direito público brasileiro e análise da Constituição do Império*, Río de Janeiro, Ministério da Justiça e Negócios Interiores/Serviço de Documentação, 1958, pp. 20-21.

[20] Visconde do Uruguai, *Ensaio sobre o direito administrativo*, Brasilia, Ministério da Justiça/Série Arquivos do Ministério da Justiça, 1997, pp. 355-356.

la agenda política brasileña del siglo XIX. En verdad, como afirma José Murilo de Carvalho,[21] este ítem es parte de una sociología de la sociedad nacional y por eso mismo, en nuevos términos, se extiende hasta nuestros días. Para los propósitos de este libro, sin embargo, lo que interesa subrayar es la importancia del papel del Imperio en la elaboración de la identidad y de la inserción internacional de Brasil.[22]

La monarquía fue la base de la identidad internacional *sui generis* de Brasil en el siglo XIX, en el ámbito de las Américas: un imperio en medio de repúblicas, una gran masa territorial de habla portuguesa que permaneció unida en un mundo hispánico que se fragmentaba, mientras en el hemisferio norte los Estados Unidos de América se expandían territorialmente. Por eso, en el siglo XIX, en función de nuestra inserción en América del

[21] José Murilo de Carvalho, *Pontos e bordados. Escritos da história e política*, Belo Horizonte, Editora UFMG, 1999, pp. 155-188; cf. también, Afonso Arinos de Melo Franco, *O som do outro sino. Um breviário liberal*, Río de Janeiro, Civilização Brasileira, 1978, pp. 146-171.

[22] Cf. Arno Wehling, *A invenção da história. Estudos sobre o historicismo*, Río de Janeiro, Universidade Gama Filho/Editora da Universidade Federal Fluminense, 1994, cap. IX, y *Estado, história, memória: Varnhagen e a construção da identidade internacional*, Río de Janeiro, Nova Fronteira, 1999; José Murilo de Carvalho, *A construção da ordem. A elite política imperial*, Río de Janeiro, Campus, 1980; Demétrio Magnoli, *O corpo da Pátria*, ob. cit., cap. III; Carlos Guilherme Mota (comp.), *Viagem incompleta, A experiência brasileira (1500-2000), Formação: histórias*, ob. cit., pp. 199-238.

Sur, ser brasileño era ser no hispánico. En este sentido, Brasil recrea en escala continental la singularidad lingüística y sociológica que, en Europa y en la Península Ibérica, caracterizaron históricamente a Portugal.

La República, instaurada en 1889, subrayó el elemento geográfico de la inserción de Brasil en las Américas. En este sentido, el Manifiesto Republicano de 1870 decía: "Pertenecemos a América y queremos ser americanos".[23] Por este motivo, el advenimiento de la República trajo, como mostró Clodoaldo Bueno, la "americanización" de las relaciones exteriores. Esta "americanización" tenía como uno de sus objetivos desarmar la percepción de que Brasil era el "diferente" de América debido a sus instituciones monárquicas y lo que esto significaba, política y económicamente, respecto de sus lazos con el concierto europeo.[24]

El "ser diferente" tenía sus ventajas. Recuerda en este sentido Euclides da Cunha en *Contrastes e confrontos*: "La República nos sacó del remanso aislado del Imperio hacia la peligrosa solidaridad sudamericana". Peligrosa, según él, porque nos ligaba a los desórdenes tradicionales de los pueblos y las repúblicas de la América española. Pero al

[23] Reynaldo Carneiro Pessoa (comp.), *A idéia republicana no Brasil através dos documentos*, San Pablo, Alfa-Omega, 1973, p. 60.
[24] Clodoaldo Bueno, *A República e sua política exterior (1889 a 1902)*, San Pablo/Brasilia, Editora da UNESP/Fundação Alexandre de Gusmão, 1995.

mismo tiempo Euclides reconocía la importancia de la fraternidad republicana como "la garantía suprema y tal vez única de toda la raza latina frente a la competencia formidable de otros pueblos".[25] En este sentido, surge, con la República, la percepción de que ser brasileño era también ser latinoamericano. También contribuyó mucho a esta percepción, en la dialéctica diplomática de la historia del "yo" y del "otro", la creciente afirmación internacional del "destino manifiesto" de los Estados Unidos, que llevó a diplomáticos de peso e intelectuales, como Oliveira Lima, José Veríssimo y Manuel Bonfim, a señalar lo que tenemos en común con "*nuestra América*".*[26]

Territorio y gobierno sólo tienen significado, en un estado-nación, en función de su pueblo. José Bonifácio, el patriarca de la Independencia, científico de renombre y representante de la "Ilustración" europea, que se formó y vivió en Europa, además de participar en la administración públi-

---

[25] Euclides da Cunha, *Contrastes e confrontos*, en *Obra completa*, vol. 1, Río de Janeiro, Aguilar, 1966, pp. 166-169.

* En español en el original.

[26] Antonio Candido, *Ensayos y comentarios*, San Pablo, Editora da UNICAMP/Fondo de Cultura Económica de México, 1995, pp. 319-353; Oliveira Lima, *Pan Americanismo (Monroe, Bolívar, Roosevelt)*, 2ª ed., Brasilia/Río de Janeiro, Senado Federal, Casa de Ruy Barbosa, 1980; José Veríssimo, *Cultura, literatura e política na América Latina*, selección y presentación de João Alexandre Barbosa, San Pablo, Brasiliense, 1986; Manuel Bonfim, *A América Latina. Males de origem*, 2ª ed., Río de Janeiro, A Noite, s/f.

ca portuguesa antes de volver a Brasil, inauguró el linaje de los intelectuales brasileños que pensaron y propusieron proyectos políticos para la conformación del futuro del país. A José Bonifácio pertenece la metáfora, típica de un experto en metalurgia como él, según la cual el pueblo brasileño debería resultar de una nueva aleación que amalgamase, en un cuerpo sólido y político, el metal heterogéneo de blancos, indios y mulatos, negros libres y esclavos que constituían la población de Brasil en el inicio del siglo XIX. Como reformista ilustrado, atribuía al legislador sabio y prudente la función del escultor que hace estatuas con pedazos de piedra. Por eso, con una inspiración radical propuso la integración del indígena, el fin de la esclavitud y del tráfico de esclavos, y la reforma agraria, puesto que para él "la patria no es una madre que devora una parte de los hijos para favorecer a otro exclusivamente, al contrario".[27]

En la entrada al siglo XXI estamos lejos de haber resuelto el tema de la exclusión, que era parte constitutiva del proyecto de José Bonifácio. En esto influyó el hecho de que recién en 1850, por la acción legislativa y política del Imperio, se suprimió el tráfico marítimo de esclavos africanos para Brasil. Asimismo, la abolición de la es-

[27] José Bonifácio de Andrada e Silva, *Projetos para o Brasil* (compilado por Miriam Dolhnikoff), San Pablo, Companhia das Letras, 1998, pp. 31, 156, 170.

clavitud, por la que también había abogado José Bonifácio en 1823 en su proyecto a la Asamblea General Constituyente, sólo tuvo lugar en 1888, de modo tal que el régimen servil fue una de las grandes inequidades que en el siglo XIX atravesó la construcción de la nacionalidad. Además, mientras duró, el tráfico ocasionó problemas diplomáticos para Brasil. En efecto, Gran Bretaña, al dedicarse a su represión por medio de su escuadra (algo que sus ejecutores calificarían hoy como "intervención humanitaria"), tropezó con las susceptibilidades soberanas el Imperio, lo que suscitaría dificultades en las relaciones bilaterales entre ambos países.[28]

Si bien es cierto que la exclusión social es un problema pendiente y recurrente en la agenda de Brasil, también es cierto que se produjo la amalgama definida por José Bonifácio. Brasil, como señaló Darcy Ribeiro, es una confluencia de diversas matrices raciales y distintas tradiciones culturales que, en América del Sur, bajo la regencia de los portugueses, dio lugar a un pueblo nuevo. No es propiamente un pueblo trasplantado, que intenta reconstruir a Europa en nuevos parajes. Contras-

---

[28] Cf. Joaquim Nabuco, *O abolicionismo. Discursos e conferências abolicionistas*, San Pablo, Instituto Progresso Editorial, 1949; *Um estadista do Império*, 5ª ed., Río de Janeiro, Topbooks, 1997, vol. 1, libro II, cap. V; Carlos Delgado de Carvalho, *História diplomática do Brasil* (edición facsimilar de la primera edición de 1959), introducción de Paulo Roberto de Almeida, presentación de Rubens Ricupero, Brasilia, Senado Federal, 1998, cap. VI, pp. 105-116.

ta con los pueblos-testigo de México y del altiplano andino –herederos de las grandes civilizaciones precolombinas– que viven en la carne y el espíritu el drama de la dualidad cultural y el problema-/dilema de la integración a la cultura occidental. Se trata de un nuevo mutante, con características propias, pero inequívocamente atado a la matriz lusitana, en función de la unidad del idioma en el vasto espacio nacional.[29]

Este pueblo nuevo se expresa a través de la cultura brasileña, que se europeizó en los momentos decisivos de la formación de una literatura en los siglos XVIII y XIX. Ésta se constituyó en un sistema, como enseña Antonio Candido, por medio de la interacción de autores, público y obras, en un proceso nacional de impregnación de referencias mutuas.[30] Este proceso se consolidó en el tiempo y adquirió capilaridad social mediante el código de la lengua, de las creencias y de los comportamientos. Cabe resaltar en este proceso, como lo hace Barbosa Lima Sobrinho, el papel del idioma portugués en la unidad de Brasil.[31]

[29] Darcy Ribeiro, *O povo brasileiro. A formação e o sentimento do Brasil*, San Pablo, Companhia das Letras, 1995, pp. 19-22, 441-449.

[30] Antonio Candido, *Formação da literatura brasileira (Momentos decisivos)*, 2 vols., San Pablo, Martins, 1959; Roberto Schwarz, *Seqüências brasileiras*, San Pablo, Companhia das Letras, 1999, pp. 46-58.

[31] Barbosa Lima Sobrinho, *A língua portuguesa e a unidade do Brasil*, 2ª ed., presentación de Leodegário A. de Azevedo Filho, Río de Janeiro, Nova Fronteira, 2000.

El repertorio de la herencia occidental lusitana se vio enriquecido y modulado por los componentes no europeos históricos de Brasil: los indios y los africanos. A esta matriz cultural y demográfica se sumaron, por la fluidez de las corrientes inmigratorias de los siglos XIX y XX, otros componentes europeos (por ejemplo: italianos, españoles, alemanes, eslavos) y no europeos (por ejemplo: árabes y japoneses). De allí que, a pesar del persistente dilema de la exclusión social, Brasil siga siendo un país, en el pluralismo de su escala continental y de su composición multiétnica, lingüísticamente homogéneo, tendiente a la integración cultural y razonablemente abierto al sincretismo de la diversidad. Por ello es, para valerme de una formulación de José Guilherme Merquior, un *otro* Occidente, más pobre, más enigmático, más problemático, pero no menos Occidente.[32]

Estos elementos de la realidad brasileña y su elaboración reflexiva tienen proyección externa y

[32] José Guilherme Merquior, "El otro Occidente", en Felipe Arocena y Eduardo de León (comps.), *El complejo de Próspero. Ensayos sobre cultura, modernidad y modernización en América Latina*, Montevideo, Vintén Editora, 1993, pp. 109-110. Sobre la dimensión de la complejidad inherente al tema del pueblo brasileño, véanse João Baptista Borges Pereira, "Os imigrantes na construção histórica da pluralidade étnica brasileira", y Francisco J. Calazans Falcon, "O povo brasileiro: ensaio historiográfico", ambos en *Revista USP*, 46, junio/julio/agosto de 2000, dossier "Depois de Cabral: a formação do Brasil", respectivamente pp. 6-26 y 30-41.

son componentes de la identidad internacional de Brasil. El pueblo nuevo, fruto de la primera leva de la descolonización, condujo a afinidades que hicieron que Brasil, en las Naciones Unidas, a partir de 1953, con mayor precisión en 1960 y con una afirmación inequívoca en 1961 y 1962, sostuviera la liquidación del colonialismo. Decía en 1961, en la Asamblea General, el canciller Afonso Arinos:

> El movimiento de liberación de los antiguos pueblos coloniales no retrocederá. Brasil, antigua colonia, está construyendo una nueva civilización, en un territorio ampliamente tropical, habitado por hombres de todas las razas. Su destino le impone, así, una conducta firmemente anticolonialista y antirracista.[33]

En 1963, el canciller Araújo Castro, también en las Naciones Unidas, en su famoso discurso de las tres "D" –descolonización, desarrollo, desarme–, añade las razones económicas que sustentaban igualmente la erradicación del arcaísmo histórico y sociológico del colonialismo. Se trata de un "proceso que representa una medida de alto inte-

[33] *A palavra do Brasil nas Nações Unidas. 1946-1995* (compilado por Luiz Felipe de Seixas Corrêa), Brasilia, FUNAG, 1995. Discurso del ministro Afonso Arinos de Mello Franco en la XVI sesión ordinaria de la A. G. (22 de septiembre de 1961), p. 144. Cf. Celso Lafer, "Relações Brasil-África", *Encontro Brasil-África. Anticomemoração da Abolição, Revista do PMDB* (12 de noviembre de 1988), pp. 59-65.

rés defensivo de las economías de todas las antiguas colonias, cualesquiera sean las fases de su liberación política y cualesquiera sean los continentes en que se localizan".[34]

La dimensión económica del anticolonialismo, mencionada por Araújo Castro, es parte integrante del concepto de Tercer Mundo. Este concepto, como es sabido, adquirió densidad con la descolonización y consistencia política cuando, en el sistema internacional, el clivaje Norte/Sur encontró espacio en las brechas de la bipolaridad Este/Oeste. Cabe destacar, no obstante, que en el ámbito del Tercer Mundo, Brasil tuvo una posición singular en función del elemento "otro Occidente" de su identidad. Así, observaba, en la época, el canciller Saraiva Guerreiro que Brasil es un país de contrastes, con múltiples dimensiones. Por eso participa naturalmente de muchas esferas de la convivencia internacional. Es un país occidental en el campo de los valores, debido a su formación histórica, realidad que no excluía su inserción entre los países del Tercer Mundo, con los cuales tenía posiciones afines en el marco de las acciones específicas orientadas hacia el desarrollo, que respondían al interés nacional. Como se ve, la idea de la "doble inserción" representa la especificidad brasileña de "otro Occidente".

[34] *A palavra do Brasil nas Nações Unidas. 1946-1995*, ob. cit. Discurso del ministro João Augusto de Araújo Castro en la XVIII sesión ordinaria de la A. G. (19 de septiembre de 1963), p. 174.

Se trata de una especificidad compartida con buena parte de América Latina en el ámbito del Tercer Mundo, que también comprende, en su diversidad, países africanos y asiáticos, cuyas matrices culturales y demográficas tienen características muy diferentes de las nuestras.[35] Por eso Brasil integró e integra el grupo de los 77, que expresa la dimensión de la pobreza y de los problemas económicos del Tercer Mundo, pero siempre fue, aun en el auge de la capacidad de influencia política internacional de los países en desarrollo, apenas un observador del Movimiento de los No Alineados.

Como país de escala continental, que fue construyendo a lo largo del siglo XIX una identidad que, como vimos, se proyecta en el siglo XX a la luz del tema de la "doble inserción" de "otro Occidente", Brasil, en su primer momento en el concierto de las naciones, pudo dedicarse, al estar alejado de las tensiones internacionales, a lo que Luiz Felipe de Seixas Corrêa define como "búsqueda de la consolidación del espacio nacional".[36] Esta búsqueda se corresponde con uno de los sen-

[35] Ramiro Saraiva Guerreiro, O Itamaraty e o Congresso Nacional, Brasilia, Senado Federal/MRE, 1985, exposición en la Cámara de Diputados, en la apertura del simposio "Brasil na Antártida", el 23 de agosto de 1983, pp. 169-171; Celso Lafer, O Brasil e a crise mundial, San Pablo, Perspectiva, 1984, cap. V: "O Brasil entre o Ocidente e o Terceiro Mundo", pp. 121-128.

[36] Luiz Felipe de Seixas Corrêa, "Política externa e identidade nacional brasileira", ob. cit., p. 28.

tidos de la historia de Brasil y el primer vector de la política exterior brasileña –vector que prevaleció en el período monárquico y se extendió, en la República, hasta Rio Branco–. El tema básico es la ocupación efectiva del territorio, su defensa, en especial en la vertiente rioplatense dentro de la cual se inserta la guerra del Paraguay. Este período culmina con la obra de Rio Branco, quien, con su acción, resolvió la configuración definitiva de nuestras fronteras.[37]

La fijación de fronteras es siempre un problema clave para la política exterior de cualquier país. Rusia, China e India, que son, como Brasil, países de escala continental, tienen hasta hoy dificultades en ese sentido y, a causa de eso, combatieron y fueron combatidos a lo largo de su historia. Los Estados Unidos tienen sólo dos vecinos –Canadá y México– y, siguiendo su "destino manifiesto", extendieron en el siglo XIX sus límites a expensas del vecino del sur. No es necesario recordar cuántos conflictos bélicos de fronteras caracterizan, por ejemplo, a la historia diplomática de Francia o de Alemania. Canadá sólo tiene un vecino y Australia es un país continental sin vecinos. Ahora bien, Brasil tiene diez (en el mundo sólo Rusia y China tienen un número mayor), y

[37] A. G. de Araújo Jorge, *Introdução às obras do Barão do Rio Branco*, Río de Janeiro, Ministério das Relações Exteriores, 1945; João Hermes Pereira de Araújo, "O Barão do Rio Branco", en *Três ensaios sobre diplomacia brasileira*, Brasilia, Ministério das Relações Exteriores, 1989, pp. 91-154; Demétrio Magnoli, *O corpo da Pátria*, ob. cit., cap. VI.

fue el barón de Rio Branco quien, por su acción, fijó pacíficamente el mapa, primero como representante y abogado en arbitrajes internacionales (Argentina, 1895; Francia-Guayana Francesa, 1900) y, después, como ministro de Relaciones Exteriores en negociaciones de tratados de límites con países vecinos (Bolivia, Tratado de Petrópolis, 1903; Perú, 1904-1909; Gran Bretaña-Guayana Inglesa, aceptación del laudo arbitral de 1904; Venezuela, 1905; Holanda-Guayana Holandesa, 1906; Colombia, 1907, y Uruguay, Tratado rectificatorio de 1909).

La envergadura de la obra diplomática de Rio Branco es indiscutible. Como juzga Rubens Ricupero, es difícil encontrar, en la historia de las relaciones internacionales, un desempeño negociador y un patrón exclusivamente pacífico semejantes a los brasileños en la fijación de fronteras nacionales. Este desempeño se caracterizó por la "concentración metódica sistemática de todos los recursos diplomáticos y del uso legítimo, no violento, del poder, sin llegar al conflicto militar, para la solución con éxito del conjunto de los problemas fronterizos".[38]

El punto culminante, que revela la calidad de este desempeño diplomático, fue la cuestión de Acre, la más compleja, solucionada por Rio Branco mediante una negociación que consistió en la

[38] Rubens Ricupero, en *Barão do Rio Branco. Uma biografia fotográfica. 1845-1995*, Brasilia, Fundação Alexandre de Gusmão, 1995, p. 83.

permuta de territorios y el pago de una compensación. Este litigio, como también recuerda Ricupero, tenía como actores en el contexto de la vecindad, además del gobierno de Bolivia, al de Perú, con sus pretensiones en la región, e incluso un actor transnacional, el *Bolivian Syndicate*. Éste intentó movilizar a los gobiernos de los países de origen de sus accionistas, en especial los Estados Unidos y Gran Bretaña, para salvaguardar sus intereses en la explotación del caucho. En ese contexto, historia y derecho no eran, como en las otras cuestiones de límites, medios de acción suficientes. Por ello, al encaminar la cuestión, el barón supo dosificar el uso legítimo de la fuerza al confirmar la decisión del gobierno de Campos Salles de prohibir la libre navegación del Amazonas en dirección a Acre. Enfrentó así las protestas de Gran Bretaña, Francia, Alemania y los Estados Unidos, e hizo que la concesión del *Bolivian Syndicate* dejara de tener valor efectivo, al mismo tiempo que propuso hábilmente a sus accionistas una indemnización por medio del Departamento de Estado norteamericano. Así pudo, evitando también por medios diplomáticos los riesgos de una negociación conjunta con Perú, tratar por separado con el gobierno de Bolivia el problema de la creciente población brasileña en el territorio respecto del cual los títulos jurídicos de Brasil eran más endebles que en el caso de las otras cuestiones de límites. En la negociación con el gobierno boliviano, Rio Branco también combinó poder y transigencia, lo que permitió la solución consagrada por el Tratado de Petrópolis, que contempló, como ya se mencionó, una compensación financiera y el compromiso brasileño de construir la vía férrea Madeira-Mamoré.[39]

El barón de Rio Branco, en su actuación en el Brasil republicano, fue el último gran representante de la obra de los eminentes estadistas y diplomáticos del Imperio, en especial el vizconde de Rio Branco, su padre, con quien se identificaba y de quien se consideraba un continuador en el campo de la política exterior. Sus excepcionales conocimientos de historia y geografía fueron recursos intelectuales de la mayor pertinencia para los problemas que trató. Los colocó al servicio de su política, pues, como señaló Álvaro Lins: "No se podría decir que el estilo de Rio Branco fuese literario o artístico, era un estilo de acción". Lo que lo caracteriza es "decisión, propiedad, justeza y espíritu de síntesis". Su lenguaje "era el propio pensamiento en acción" y sus obras escritas "no son propiamente libros sino *actos*. Actos fueron sus 'memorias', sus *Exposiciones de motivos*, sus discursos, sus artículos, sus documentos diplomáticos. Un estilo de acción que expresa una figura de hombre de Estado".[40]

Por sus características de hombre de Estado, Rio Branco es un eslabón de continuidad y al mis-

[39] Rubens Ricupero, *Rio Branco. O Brasil no mundo*, Río de Janeiro, Contrapunto/Petrobrás, 2000, pp. 28-31.
[40] Álvaro Lins, *Rio Branco*, 3ª ed., San Pablo, Alfa Omega, 1966, p. 408.

mo tiempo una expresión del potencial de cambio, importante para la comprensión de la identidad internacional de Brasil. De hecho, al resolver con *virtù* y *fortuna* el problema de las fronteras y consolidar jurídicamente la escala continental del país, permitió que sus sucesores pudiesen dedicarse al vector de la diplomacia brasileña que, extendido hasta hoy, pasó a ser, con las modulaciones de la coyuntura interna y de la internacional, la nota distintiva de la política exterior de Brasil: la del "desarrollo del espacio nacional", para utilizar la fórmula de Luiz Felipe de Seixas Corrêa.[41]

Además de haber legado a Brasil, por medios pacíficos, su mapa de país de escala continental, Rio Branco fue el gran *institution-builder* de Itamaraty, que se vale y se beneficia hasta hoy, en la construcción de su autoridad, del aura del barón como una gran figura brasileña.[42] Nótese que no es frecuente ver en la historia de los países que un diplomático sea consagrado como héroe nacional. En el caso de Rio Branco, esto se debe al reconocimiento generalizado de la importancia de su legado y a la pertinencia de su "idea" de Brasil. Esta "idea" era en el plano externo, como señala Rubens Ricupero, la de un país "fiel a los compromi-

---

[41]   Luiz Felipe de Seixas Corrêa, "Política externa e identidade nacional brasileira", ob. cit., p. 28.

[42]   Cf. Cristina Patriota de Moura, "Herança e metamorfose: a construção social de dois Rio Branco", en *Estudos Históricos*, vol. 14, núm. 25, 2000, pp. 81-101.

sos jurídicos, celoso de la defensa de derechos heredados, pero con moderación y equilibrio, dispuesto a transigir, sin intenciones agresivas o de interferencia en relación con los vecinos" y que, en su visión del escenario internacional, supo situarse a medio camino –que era el buen camino para Brasil– entre el juridicismo radical no realista, que caracterizó a muchos de sus contemporáneos latinoamericanos, y la pura política del poder de Teddy Roosevelt.[43]

Por esta razón, Rio Branco es, a mi juicio, el inspirador del estilo del comportamiento diplomático que caracteriza a Brasil, a la luz de sus circunstancias y de su historia. Este estilo está configurado por una moderación constructiva que, según Gelson Fonseca Jr., se expresa en la capacidad de "desdramatizar la agenda de la política exterior, es decir, de reducir los conflictos, crisis y dificultades al cauce diplomático".[44] Esta moderación constructiva está atravesada por una lectura grociana de la realidad internacional, en la que puede identificarse un ingrediente positivo de sociabilidad que permite lidiar, mediante la diplomacia y el derecho, con el conflicto y la cooperación y, de esta manera, reducir el ímpetu de la "política del poder". Se relaciona en el

[43] Rubens Ricupero, *Rio Branco. O Brasil no mundo*, ob. cit., pp. 51 y 53.
[44] Gelson Fonseca Jr., *A legitimidade e outras questões internacionais. Poder e ética entre as nações*, San Pablo, 1998, p. 356.

buen sentido con el "realismo" en la evaluación
de los condicionantes del poder en la vida internacional. Y a partir de la información extraída de
los hechos del poder, pero sin inmovilismos pa-
ralizantes ni impulsos maquiavélico-hobbesia-
nos, busca construir nuevas soluciones diplomáticas y/o jurídicas en el encaminamiento de los
temas relacionados con la inserción internacional de Brasil.[45]

Este estilo marcó y continúa marcando la vida
nacional, y por ese motivo fue incorporado a la
experiencia de la República, que constitucionali-
zó principios de política internacional. Tales principios son un marco normativo que tiene como
función establecer *límites* y promover *estímulos* a
la acción externa del Estado[46] en consonancia con
aquel estilo de comportamiento diplomático. Son
ejemplos de límites la prohibición de la guerra de
conquista (Constitución de 1891, art. 88; Constitución de 1934, art. 4°; Constitución de 1946,

[45] Cf. Martin Wight, *International theory. The three tradi-
tions* (editado por Gabriele Wight y Brian Porter), Leicester,
Leicester University Press, 1991; Pier Paolo Portinaro, *Il realismo político*, Roma-Bari, Laterza, 1999, y *Hugo Grotius and
international relations* (editado por Hedley Bull, Benedict
Kingsbury y Adam Roberts), Oxford, Clarendon Press, 1992;
Celso Lafer, "Discurso de posse no cargo de Ministro das Relações Exteriores", 13 de abril de 1992, y "A autoridade do
Itamaraty", en *A inserção internacional do Brasil. A gestão do
Ministro Celso Lafer no Itamaraty*, ob. cit., pp. 33, 286, 381,
respectivamente.
[46] Cf. Antonio Remiro Brotons, *La acción exterior del Estado*, Madrid, Tecnos, 1984, pp. 93-115.

art. 4°; Constitución de 1967, art. 7°, y Enmienda Constitucional núm. 1, de 1969, art. 7°) y la delimitación de la actividad nuclear en el territorio brasileño para fines exclusivamente pacíficos (Constitución de 1988, art. 21°, XXIII, a, conjugado con el art. 4°, VI, que contempla el principio de la defensa de la paz). Es ejemplo de estímulos el reconocimiento del valor del arbitraje como medio pacífico de solución de contenciosos internacionales (Constitución de 1891, art. 34°; Constitución de 1934, art. 4°), a lo cual la Constitución de 1946 añadió otros medios pacíficos de solución de conflictos, al hacer referencia al "órgano internacional de seguridad" del que participe Brasil –mención implícita al papel de las entonces recién creadas Naciones Unidas–. La Constitución de 1967 y la Enmienda Constitucional núm. 1, de 1969, al tomar en cuenta la evolución de las realidades internacionales, incluyeron en el art. 7°, además del arbitraje y otros medios pacíficos, una referencia explícita a las negociaciones directas, y señalaron también de manera más apropiada la cooperación con organismos internacionales, de los cuales participe Brasil, en la solución de conflictos internacionales. La Constitución de 1988 establece en su preámbulo el compromiso de Brasil, en el orden interno y en el internacional, con la solución pacífica de las controversias, y, en el artículo 4°, enumera los principios que deben regir las relaciones internacionales de Brasil: independencia nacional, prevalencia de los derechos humanos, autodeterminación de los pueblos, no intervención, igualdad entre estados, defensa de la paz, solución pacífica de los conflictos, repudio al terrorismo y al racismo, cooperación entre los pueblos para el progreso de la humanidad, concesión de asilo político. El parágrafo único del artículo 4° cristaliza como norma programática, vale decir como estímulo, la búsqueda de la integración económica, política, social y cultural de los pueblos de América Latina, que es una faceta de la "republicanización" de las relaciones internacionales de Brasil, que explicita nuestra vinculación, ya mencionada, con "nuestra América".[47]

---

[47] Sobre la experiencia brasileña con la constitucionalización de principios de relaciones internacionales, cf. la importante monografía de Pedro Dallari, *Constituição e relações internacionais*, San Pablo, Saraiva, 1994. En el prefacio que hice para este libro excelente intenté también mostrar cómo fueron aplicados en la acción exterior del Estado los principios del art. 4° y del art. 21°, XXIII, a, de la Constitución de 1988 durante mi gestión, en 1992, como ministro de Relaciones Exteriores. Cf. asimismo, Paulo Roberto de Almeida, *O estudo das relações internacionais do Brasil*, San Pablo, Editora Unimares, 1999, cap. III: "A estrutura constitucional das relações internacionais do Brasil", pp. 77-114.

3. El contexto de la vecindad: Brasil en América del Sur. Su importancia en la construcción de la identidad internacional brasileña

Rio Branco, al evaluar los resultados de su obra de consolidación del mapa de Brasil, comentó con el diplomático y político argentino Ramón F. Cárcano que la próxima etapa de su programa de trabajo sería la de "contribuir a la unión y la amistad entre los países sudamericanos. Una de las columnas de esa obra deberá ser el ABC". En este sentido, el artículo 1° del proyecto del trata-do de "inteligencia cordial y de arbitraje" entre la Argentina, Brasil y Chile, que Rio Branco redactó en 1909, estipulaba que las tres altas partes-con-tratantes buscarían "proceder siempre de acuer-do entre sí en todas las cuestiones que se relacio-nen con sus intereses y aspiraciones comunes y en las que *se encaminen a asegurar la paz y a es-timular el progreso de América del Sur*" (las cursi-vas son mías).

La línea de la política exterior y el programa de trabajo pregonados por Rio Branco –y que él mismo inició, con tacto y firmeza, en el ejerci-cio de una acción diplomática continental, como describe Álvaro Lins al mencionar un litigio en Perú y Bolivia y una cuestión entre Chile y los Estados Unidos– eran de gran coherencia.[1] En efecto, para Brasil, América del Sur no es una opción sino, para decirlo con Ortega y Gasset, la "circunstancia" de nuestro *yo* diplomático. Por consiguiente, liberado el país del tema de las fronteras, trabajar para la unión y la amistad entre los países sudamericanos –lo que significa, en primer lugar, empeñarse en la construcción de la paz en América del Sur– pasó a ser una constante, una "fuerza profunda", de la política exterior brasileña. Además de todas las motivaciones en pro de una "paz perpetua", de inspiración kantiana, que sustentan esta constante, cabe mencionar que un clima pacífico en América del Sur es una condición importante para favorecer el desarrollo del espacio nacional, el vector predominante de la política de Brasil después de Río Branco. En este sentido, decía el mismo Río Branco en un discurso pronunciado el 20 de abril de 1909, en el Palacio de Itamaraty, en ocasión del homenaje brindado en su sexagésimo aniversario:

[1] Álvaro Lins, *Río Branco*, ob. cit., pp. 432-435, 489; Fernando Reis, "O Brasil e a América Latina", en Gelson Fonseca Jr. y Sérgio Henrique Nabuco de Castro (comps.), *Temas de política externa*, II, vol. 2, Brasilia, FUNAG, San Pablo, Paz e Terra, 1994, pp. 9-42; Demétrio Magnoli, *O corpo da Pátria*, ob. cit., pp. 216-237.

> Si la paz es una condición esencial para el desarrollo de los pueblos, más aún deben sentir esa necesidad las naciones nuevas como las de nuestro continente sudamericano, que precisan crecer y prosperar rápidamente.[2]

La acción brasileña, en la década de 1930, en la búsqueda de soluciones conciliatorias, ya sea en la cuestión de Leticia, que provocó un conflicto armado entre Colombia y Perú, o en la Guerra del Chaco, entre Paraguay y Bolivia, se inserta en esta línea del programa diseñado por Rio Branco. En la construcción de soluciones, que fueron exitosas, no sólo se empeñaron los cancilleres Afrânio de Mello Franco y José Carlos de Macedo Soares, sino también el propio presidente Getúlio Vargas, cuyo *Diario*, recientemente publicado, registra varias entradas que indican con claridad su interés personal en el tema.[3] Dentro del mismo programa se incluyen, en la década de 1990, las acciones de Brasil como uno de los ga-

---

[2] *Obras do Barão do Rio Branco*, vol. 9, *Discursos*, Río de Janeiro, Ministério das Relações Exteriores, 1948, p. 190.

[3] Cf. Amado Luiz Cervo y Clodoaldo Bueno, *História da política exterior do Brasil*, San Pablo, Ática, 1992, pp. 220-225; Carlos Delgado de Carvalho, *História diplomática do Brasil*, ob. cit., pp. 264-266, 318-327; Afonso Arinos de Mello Franco, *Un estadista da República. Afrânio de Mello Franco e seu tempo*, 2ª ed., Río de Janeiro, Nova Aguilar, 1976, pp. 1.027-1.042, 1.070-1.094, 1.108-1.119; Getúlio Vargas, *Diário*, vol. 1, *1930-1936*; vol. 2, *1937-1942*, presentación de Celina Vargas do Amaral Peixoto, edición de Leda Soares, San Pablo, Siciliano, Río de Janeiro, Fundação Getúlio Vargas, 1995.

rantes del Protocolo de Río de Janeiro de 1942, para resolver con creatividad el contencioso territorial entre Ecuador y Perú. La solución hallada —que llevó a buen término el Protocolo de 1942, para el cual trabajó mucho en su momento el canciller Oswaldo Aranha—[4] fue una significativa realización diplomática del primer mandato del presidente Fernando Henrique Cardoso y de su canciller, Luiz Felipe Lampreia, que se comprometieron personalmente en todas las fases de la negociación.[5]

La línea de la política exterior, pregonada por Río Branco y orientada hacia la unión y la amistad entre los países sudamericanos, se encuadra, como dice Rubens Ricupero, en el campo del eje de la relativa igualdad entre los socios.[6] Se trata, en la esfera de este eje, de una línea representativa de un concepto clásico de acción diplomática: los países deben intentar hacer la mejor política

[4] João Hermes Pereira de Araújo, "Oswaldo Aranha e a diplomacia", en Aspásia Camargo, João Hermes Pereira de Araújo y Mário Henrique Simensen, *Oswaldo Aranha - A estrela da Revolução*, San Pablo, Mandarin, 1996, pp. 283-285, 307-310.

[5] Luiz Felipe Lampreia, *Diplomacia brasileira. Palavras, contextos e razões*, Río de Janeiro, Lacerda Editora, 1999, pp. 216-220; David Scott Palmer, "El conflicto Ecuador-Perú: el papel de los garantes", en Adrián Bonilla (comp.), *Ecuador-Perú. Horizontes de la negociación y el conflicto*, Quito, Flacso, 1999, pp. 31-59.

[6] Rubens Ricupero, "A diplomacia do desenvolvimento", en *Três ensaios sobre diplomacia brasileira*, ob. cit., pp. 193-194.

a partir de su geografía. En tiempos más recientes, se profundizó esta directriz para favorecer y estimular el vector de desarrollo, que es una expresión moderna del concepto de progreso, que había registrado Rio Branco en el artículo 1° del proyecto del Tratado del ABC.

En efecto, en un mundo que simultáneamente se regionaliza y se globaliza, es conveniente hacer no sólo la mejor política, sino también la mejor economía a partir de una geografía –como, por ejemplo, vienen haciendo los europeos, desde la década de 1950, en su proceso de integración–. De allí deriva una línea de acción orientada a transformar las fronteras brasileñas de clásicas fronteras-separación en modernas fronteras-cooperación, como ya había anticipado el canciller José Carlos de Macedo Soares en 1957. Esta línea de inspiración grociana tiene como punto de partida el hecho de que América del Sur constituye una unidad física contigua, que favorece las oportunidades de cooperación económica. Ésta puede ampliar las ventajas comparativas en un proceso de inserción competitiva en la economía mundial, a medida que los vectores logística/transporte, telecomunicación/energía se desarrollen para sumar valor y reducir costos, lo que estimula, en un clima de paz, los eslabones del comercio y la inversión. A esto hay que añadir que, en el cambio del siglo, la economía de la geografía recomienda un nuevo enfoque para el concepto de América Latina. De hecho, hay que tener en cuenta que México, debido a su participación en el

NAFTA, y América Central y el Caribe, en virtud de la acción centrípeta de la economía norteamericana, vieron aumentar su grado de interdependencia con el Norte de manera aún más significativa en los últimos años. Por ese motivo, el futuro de esa parte de América Latina está cada vez más vinculado con lo que ocurre en los Estados Unidos. América del Sur, en contraste, tiene relaciones regionales e internacionales más diversificadas, tanto en el plano económico como en el político. Éste es un dato de la realidad contemporánea que le otorga una especificidad propia en el contexto de América Latina, del cual cabe extraer las consecuencias apropiadas en materia de política exterior.[7]

En este molde se inserta también la idea fuerza constante de la política exterior brasileña, orientada a asegurar la paz y estimular el desarro-

[7] José Carlos de Macedo Soares, *Conceitos de solidaridade continental*, Río de Janeiro, Ministério das Relações Exteriores, 1959, pp. 46-47; Paul Krugman, *Geography and trade*, Leuven, Bélgica/Cambridge, Mass., Leuven University Press, The MIT Press, 1991; Eliezer Batista da Silva, *Infrastructure for sustainable development and integration of South America*, Informe para el Business Council for Sustainable Development-Latin America (BCSD-LA), Corporación Andina de Fomento, Companhia Vale do Rio Doce (CVRD), Bank of America, Companhia Auxiliar de Empresas de Mineração (CAEMI), agosto de 1996; Abraham F. Lowenthal, "Latin America at the century's turn", *Journal of Democracy*, vol. 2, núm. 2, abril de 2000, pp. 49-55, y "Estados Unidos e América Latina", *Política Externa*, vol. 9, núm. 3, diciembre/enero/febrero de 2000-2001, pp. 5-24.

llo de América del Sur. Es esta idea-fuerza la que se encuentra en la base de una importante iniciativa diplomática del presidente Fernando Henrique Cardoso. Me refiero a la inédita e innovadora Reunión de Presidentes de América del Sur, llevada a cabo en Brasilia los días 30 de agosto y 1º de septiembre de 2000. El objetivo de la reunión fue profundizar la cooperación ya existente en nuestro espacio común, convirtiendo a tal espacio en un proyecto. Éste, orientado a organizar en otra plataforma la convivencia sudamericana, tiene como propósito ampliar la capacidad de los países de la región en la dirección del desafío del desarrollo, un tema común y prioritario en las agendas de la política exterior de todos. La meta es encontrar caminos mejores en el tratamiento de los desafíos y las oportunidades de la globalización por medio de una acción conjunta orientada hacia la consolidación de la democracia y de la paz, y la promoción concomitante de los derechos humanos; hacia el estímulo del comercio por medio de nuevos enlaces en los procesos de integración económica ya existentes en la región, que deben trabajarse desde una perspectiva de "regionalismo abierto"; hacia la cooperación tanto en el campo del combate contra las drogas ilícitas y delitos conexos, como en el ámbito de la ciencia y la tecnología, dado que la ampliación y la aplicación del conocimiento son un ingrediente crítico de la competitividad de los procesos productivos de la región. Otra acción conjunta contemplada en la reunión de Brasilia es la de los ejes sinérgicos de la integración de América del Sur, vale decir, el abanico de proyectos de integración física, dotados de sustentabilidad en su sentido amplio (ambiental, social, de eficiencia económica) y basados en una perspectiva geoeconómica del espacio regional. Estos proyectos de infraestructura de integración son un ejemplo inequívoco del proceso de transformación de fronteras-separación en fronteras-cooperación, y podrán tener un efecto multiplicador sobre el desarrollo y ampliar la integración económica de la región.[8]

Convertir el espacio –un espacio configurador de nuestro contexto de vecindad– en un proyecto es un desafío, incluso en función de las restricciones y los límites que generan los problemas internos en cada uno de los países de la región sudamericana. Se trata, no obstante, de la consecuencia lógica de una línea y de acciones de política exterior dirigidas a profundizar las oportunidades de cooperación que ofrece el alcance económico de la geografía de Brasil.

Los antecedentes y marcos de este programa de trabajo, representativos de una "fuerza pro-

[8] Cf. el "Comunicado de Brasília", reproducido en *Política Externa*, vol. 9, núm. 2, septiembre/octubre/noviembre de 2000, pp. 125-135; Gilberto Dupas, "Assimetrias econômicas, lógica das cadeias produtivas e políticas de bloco no continente americano", *Política Externa*, vol. 9, núm. 2, septiembre/octubre/noviembre de 2000, pp. 18-29; Jacques Marcovitch, "América do Sul: democracia e valores", *Política Externa*, vol. 9, núm. 2, septiembre/octubre/noviembre de 2000, pp. 30-40.

funda" de "larga duración" que orienta la acción diplomática brasileña, son: la ALALC (Asociación Latinoamericana de Libre Comercio), de 1960, seguida en 1980 por la ALADI (Asociación Latinoamericana de Desarrollo);[9] el Tratado de la Cuenca del Plata, de 1969; el Tratado de 1973 con el Paraguay, que llevó a la construcción de la central hidroeléctrica de Itaipú; el acuerdo tripartito Argentina, Paraguay y Brasil, en octubre de 1979, para compatibilizar las centrales hidroeléctricas de Itaipú y Corpus;[10] el Tratado de Cooperación de la Amazonia, de 1978;[11] el gasoducto Bolivia-Brasil, inaugurado en el primer semestre de 1999 –desenlace positivo de iniciativas que,

[9] Cf. Rubens Barbosa, "O Brasil e a integração regional: a ALALC e a ALADI (1960-1990)", en José Augusto Guilhon Albuquerque (comp.), *Sessenta anos de política externa brasileira. 1930-1990*, vol. 2, *Diplomacia para o desenvolvimento*, San Pablo, Cultura Editores Associados/Núcleo de Pesquisa de Relações Internacionais da USP, 1996, pp. 135-168.

[10] Cf. João Hermes Pereira de Araújo, José Costa Cavalcanti & Bacia do Prata, *Valores e rumos do mundo ocidental*, Brasilia, Câmara dos Deputados, Comissão de Relações Exteriores, pp. 249-290; Laércio Betiol, *Itaipu-Modelo avançado de cooperação internacional na Bacia do Prata*, Río de Janeiro, Editora da Fundação Getúlio Vargas, 1983; Christian G. Caubet, *As grandes manobras de Itaipu*, San Pablo, Editora Acadêmica, 1991; R. Saraiva Guerreiro, *Lembranças de um empregado do Itamaraty*, San Pablo, Siciliano, 1992, pp. 91-97; Mário Gibson Barboza, *Na diplomacia, o traço todo da vida*, Río de Janeiro, Record, 1992, pp. 107-124.

[11] Rubens Ricupero, *Visões do Brasil. Ensaios sobre a história e a inserção internacional do Brasil*, Río de Janeiro, Record, 1995, pp. 358-368, 386-396.

entre avances y retrocesos, se remontan a la década de 1930–.[12]

El paradigma del proceso de transformación del papel de las fronteras en América del Sur es el Mercosur, resultado de una reestructuración efectiva, de naturaleza estratégica, de la relación Brasil-Argentina. Esta relación cargó en su origen el peso de la herencia colonial, ya que la rivalidad entre las coronas de Portugal y España tuvo su foco principal en el Plata. En su historia, las relaciones de los dos países sufrieron la influencia de esa herencia, y se caracterizaron por momentos de grandes convergencias, entremezclados con períodos de distanciamientos y desconfianzas.

Después de la resolución, en 1979, del problema de la utilización de las aguas para fines energéticos que marcó al contencioso de Itaipú, la etapa más significativa en la preparación del Mercosur se ubica luego del fin de los regímenes militares, en los años ochenta. Esta etapa fue resultado de las iniciativas de los presidentes Sarney y Alfonsín, quienes, afirmados en los precedentes de convergencias, elevaron a un nuevo nivel el entendimiento entre los dos países. El marco de este avance fue el Tratado de Integración, Cooperación y Desarrollo de 1988. Su molde más abarcador, de naturaleza política, comprendía la con-

[12] Luiz Felipe Lampreia, *Diplomacia brasileira. Palavras, contextos e razões*, ob. cit., pp. 148-208; Amado Luiz Cervo y Clodoaldo Bueno, *História da política exterior do Brasil*, ob. cit., pp. 269-273; Carlos Delgado de Carvalho, *História diplomática do Brasil*, ob. cit., pp. 327-335.

solidación de valores democráticos y el respeto a los derechos humanos, pasando por *confidence building measures* destinadas a reducir tensiones en el área estratégico militar, en especial en el campo nuclear. Sobre esta base, el Tratado buscó estimular el desarrollo en la difícil década económica para América Latina de los años ochenta.

El Mercosur es obra, en la década de 1990, de los presidentes Fernando Collor, Itamar Franco y Fernando Henrique Cardoso, del lado brasileño, y del presidente Carlos Saúl Menem, del lado argentino. Iniciado por el Tratado de Asunción de 1991, con los avances obtenidos en 1995, como resultado del proceso de implementación de la unión aduanera, el Mercosur no sólo incorporó a Paraguay y a Uruguay en el proceso de integración, sino que también creó un lazo asociativo con Chile y Bolivia.

El Mercosur expresa una visión de regionalismo abierto, trabaja la compatibilidad de la agenda interna y externa de la modernización (necesaria para la Argentina y Brasil de la década de 1990, a partir del agotamiento del modelo de Estado y de economía basado en la sustitución de importaciones) y es un marco de referencia democrática de los países que lo integran. Si bien es verdad que surgieron dificultades relevantes de coyuntura en 1999 y en 2000, inevitables en todo proceso de integración y muchas de ellas ligadas a los problemas de armonización de políticas macroeconómicas, que en el momento actual se relacionan con los dilemas de la inserción asimétrica de economías emergentes en el sistema internacional, también es cierto que el Mercosur tiene la naturaleza de un imperativo común para Brasil, la Argentina y sus socios. En efecto, expresa y simboliza una nueva presencia de América del Sur en el mundo que siguió a la Guerra Fría y es un factor importante, para no decir crucial, en las negociaciones económicas interamericanas, como las del proyecto ALCA, y en las que se iniciaron con la Unión Europea.[13]

[13] Celso Lafer y Félix Peña, *Argentina y Brasil en el sistema internacional*, Buenos Aires, Nueva Visión, 1973; Celso Lafer, *O Brasil e a crise mundial*, ob. cit., cap. VIII: "A Bacia do Prata nas relações internacionais: Argentina e Brasil sob o signo da cooperação", pp. 153-162, "Relações Brasil-Argentina: alcance e significado de uma parceria estratégica", *Contexto Internacional*, vol. 19, núm. 2, julio-diciembre de 1997, pp. 249-265, y *A OMC e a regulamentação do comércio internacional*, Porto Alegre, Livraria/Editora do Advogado, 1998, cap. IV: "Multilateralismo e regionalismo na ordem econômica mundial, OMC, Mercosul, ALCA", pp. 83-97; Francisco Thompson-Flôres Neto, "Integração Brasil-Argentina: origem, processo e perspectiva", en Gelson Fonseca Jr. y Valdemar Carneiro Leão (comps.), *Temas de política externa*, Brasilia, FUNAG/Ática, 1989, pp. 129-134; Marcos Castriota de Azambuja, "O relacionamento Brasil-Argentina: de rivais a sócios", en Gelson Fonseca Jr. y Sérgio Henrique Nabuco de Castro (comps.), *Temas de política externa II*, ob cit., vol. 2, pp. 65-71; Mónica Hirst (comp.), *Argentina-Brasil. Perspectivas comparativas y ejes de integración*, Buenos Aires, Tesis, 1990; Félix Peña, "La construcción del Mercosur. Lecciones de una experiencia", *Archivos del Presente*, año 2, núm. 4, 1996, pp. 113-133; Luiz Felipe Lampreia, *Diplomacia brasileira. Palavras, contextos e razões*, ob. cit., pp. 167-178, 311-322; Moniz Bandeira, *Estado nacional e política internacional na América Latina. O con-*

El entendimiento multifacético argentino-brasileño que está en la base del Mercosur, así como el entendimiento entre Francia y Alemania que estuvo en la base de la construcción de la Comunidad Europea, tiene también alcance en el plano de la seguridad internacional, en el campo nuclear, que trasciende a América del Sur. En efecto, las *confidence building measures* de los años ochenta culminaron en los noventa con la creación de un mecanismo formal de inspecciones mutuas, abrieron las instalaciones nucleares de los dos países a la supervisión internacional y permitieron la plena vigencia del Tratado de Tlatelolco, de 1967, que prohíbe las armas nucleares en América Latina. Con esos compromisos, Brasil dio plena expresión internacional a la norma establecida en la Constitución de 1988 referida al uso exclusivamente pacífico de la energía nuclear en el territorio nacional. Brasil y la Argentina dejaron de ser considerados "threshold States", es decir, estados

tinente nas relações Argentina-Brasil (1930-1992), San Pablo, Ensaio, 1993; Luís Augusto de Castro Neves, "A cimeira do Rio de Janeiro", *Política Externa*, vol. 8, núm. 2, septiembre-noviembre de 1999, pp. 15-23; Aldo Ferrer, "A relação Argentina-Brasil no contexto Mercosul e a integração sul-americana", *Política Externa*, vol. 9, núm. 2, septiembre/octubre/noviembre de 2000, pp. 5-17; José María Lladós y Samuel Pinheiro Guimarães, *Perspectivas Brasil y Argentina*, Buenos Aires, IPRI/CARI, 1999; Jorge Carrera y Federico Sturzenegger (comps.), *Coordinación de políticas macroeconómicas en el Mercosur*, Buenos Aires, Fondo de Cultura Económica/Fundación Gobierno y Sociedad, 2000.

en el umbral de la posibilidad de fabricación de artefactos nucleares explosivos. En 1998, Brasil adhirió al Tratado de no proliferación de armas nucleares (TNP), con lo cual culminó su proceso de incorporación a los mecanismos internacionales de no proliferación nuclear. Con la adhesión brasileña, el TNP logró incorporar a todos los países con excepción de Cuba y de tres países no previstos en el Tratado en la categoría de estados armados nuclearmente, pero que poseen de hecho capacidad nuclear con finalidad militar, ya sea explícitamente admitida (India y Paquistán), sea deliberadamente omitida (Israel).[14]

En síntesis: en función de su geografía, de su experiencia histórica y de la línea de continuidad de su acción diplomática, Brasil se siente a gusto y en su casa con el componente sudamericano de su identidad internacional, que es una "fuerza profunda", de naturaleza positiva, en su política exterior. El contexto de la vecindad, en contraste, por ejemplo, con los de China, India y Rusia —al igual que Brasil, países de escala continental—, es un contexto favorable para la organización del espacio de América del

[14] Celso Lafer, *Comércio, desarmamento, direitos humanos. Reflexões sobre uma experiência diplomática*, San Pablo, Paz e Terra, 1999, cap. VII: "As novas dimensões do desarmamento: os regimes de controle das armas de destruição de massa e as perspectivas para eliminação de armas nucleares", pp. 104-137; Carlos Escudé, *Estado del mundo. Las nuevas reglas de la política internacional vistas desde el Cono Sur*, Buenos Aires, Ariel, 1999, pp. 11-21.

Sur,[15] y por esta razón el gobierno brasileño promovió la reunión de Brasilia, que se trató antes.

En el cambio de milenio, la sombra de preocupación en torno del futuro de la organización de este espacio, como un ambiente favorable a la paz y al desarrollo, reside en un aspecto de la seguridad internacional que se alteró en el mundo después de la Guerra Fría. Éste trajo, entre tantas otras consecuencias, una disminución significativa de los riesgos de confrontación bélica mundial con armas atómicas, pues permitió la superación de la doctrina de la disuasión nuclear basada en conceptos como el de la "destrucción mutua asegurada" y del "equilibrio del terror". El nuevo ambiente internacional y sus escenarios de conflicto tornaron obsoletas tales doctrinas, y por eso mismo más inapropiados la posesión y el desarrollo de arsenales nucleares. Si bien aparentemente amainaron los riesgos de una conflagración atómica en la escala contemplada en la época de la Guerra Fría, sin duda aumentaron los peligros difusos de la violencia de naturaleza descontrolada.[16] Tales peligros aumentaron debido a

[15] *O Presidente segundo o sociólogo. Entrevista de Fernando Henrique Cardoso a Roberto Pompeu de Toledo*, San Pablo, Companhia das Letras, 1998, p. 127.
[16] Pierre Hassner, "De la crise d'une discipline à celle d'une époque", en Marie-Claude Smouts (comp.), *Les nouvelles relations internationales. Pratiques et théories*, ob. cit., pp. 377-396; Thérèse Delpech, *La guerre parfaite*, París, Flammarion, 1988; Hannah Arendt, *On violence*, Nueva York, Harcourt, Brace and World, 1979; Octavio Paz, *Tiempo nublado*, Barcelona, Seix Barral, 1983, y *Pequeña crónica de grandes días*, México, Fondo de Cultura Económica, 1990.

una faceta de la globalización, que hace funcionar el mundo por medio de diversos tipos de redes. Entre éstas se encuentran las de las finanzas, que posibilitan, además de los movimientos rápidos de los flujos de capital, el "lavado" de dinero; las del crimen organizado; las del tráfico ilegal de armamentos; las de producción, distribución y proliferación de drogas; las del terrorismo; las de las migraciones no reglamentadas de personas, causadas por las guerras civiles y las persecuciones.

La combinación de este tipo de redes, instrumentada por los medios de comunicación electrónica, escapa del control de los estados y las instituciones internacionales y, como señala Pierre Hassner, pone en cuestión la racionalidad de los mecanismos tradicionales de la economía, la diplomacia y la guerra, lo que multiplica los riesgos difusos de la violencia anómica. En el caso de Brasil, inserto en América del Sur, estos riesgos provienen, en parte, del impacto interno, en el territorio nacional, debido a la porosidad de las fronteras, y del "externo", a saber, el crimen organizado, la droga y el terrorismo como expresión de una "sublevación de los particularismos". En esta temática reside la sombra de preocupación en torno de la organización del espacio sudamericano como ambiente favorable a la paz y al desarrollo que ha sido, desde Rio Branco, una constante de la política exterior brasileña y un componente fuerte de la identidad internacional de Brasil.

4. Brasil en el eje asimétrico del sistema internacional. Una potencia media de escala continental y las constantes grocianas de su actuación en el plano multilateral

La construcción, en el siglo XX, del componente sudamericano de la identidad internacional de Brasil tuvo lugar por medio de una acción de política exterior, trabajada en el eje de las relaciones de relativa igualdad entre los estados. Evidentemente, este eje, que constituye un subsistema con su dinámica propia, coexiste con las correlaciones de fuerza entre los estados –que Rubens Ricupero define como el eje de las relaciones de asimetría– que se manifiestan en el ámbito mundial, sobre todo en los planos político, militar, económico-comercial, tecnológico, entre otros. Así, por más distante que estuviese América del Sur de la dinámica de funcionamiento del centro político y económico del sistema internacional, las interacciones de Brasil y de los demás países sudamericanos con los estados de los cuales nos separa "un diferencial apreciable de poderío político y económico", no dejaron de tener un fuerte impacto.[1]

En el inicio del siglo XX, la propia "alianza no escrita" con los Estados Unidos que construyó Rio Branco, según la formulación de Bradford Burns, tenía eso en cuenta. En efecto, desde la perspectiva brasileña, esa alianza tenía dos objetivos: en el eje de la asimetría, liberar a Brasil de la preponderancia económica y política de sus relaciones anteriores con las potencias europeas; en el eje de la simetría relativa, preservarlo como tal, sin la contaminación del eje asimétrico, lo que era un riesgo latente pues, según la evaluación de Rio Branco, "Washington fue siempre el principal centro de las intrigas y de los pedidos de intervención contra Brasil por parte de algunos de nuestros vecinos, rivales permanentes o adversarios ocasionales".[2]

Rio Branco e incluso Joaquim Nabuco prestaron atención a la preservación de un espacio de autonomía en la construcción de la visión brasileña del panamericanismo –atención que marcará, a

[1] Rubens Ricupero, "A diplomacia do desenvolvimento", en *Três ensaios sobre diplomacia brasileira*, ob. cit., pp. 193-194.
[2] "O Brasil, os Estados Unidos e o monroismo", en *Obras do Barão do Rio Branco*, vol. 8, *Estudos históricos*, Río de Janeiro, Ministerios das Relações Exteriores, 1948, p. 151; E. Bradford Burns, *The unwritten alliance. Rio Branco and Brazilian-American Relations*, Nueva York, Columbia University Press, 1966, cap. VII; Rubens Ricupero, *Barão do Rio Branco. Uma biografia fotográfica*, ob. cit., pp. 85-92; Celso Lafer y Félix Peña, *Argentina y Brasil en el sistema internacional*, ob. cit.

lo largo del siglo XX, la identidad de Brasil en el ámbito del multilateralismo y en el eje de la asimetría–. Un ejemplo de esta atención es la interpretación dada a la Doctrina Monroe, que según la visión brasileña no debería tomarse como declaración unilateral de los Estados Unidos, sino como parte del derecho internacional de las Américas, aplicable por medio de la acción cooperativa y conjunta de sus principales repúblicas. En otras palabras, la interpretación multilateral de la Doctrina Monroe, como parte constitutiva de la doctrina de la política exterior brasileña, representó un esfuerzo en el control de la injerencia unilateral de los Estados Unidos, basada en los presupuestos de su "destino manifiesto".[3]

Este esfuerzo es parte de lo que llegó a ser, en el siglo XX, la *world view* de Brasil en relación con el tema de la estratificación internacional. Esta visión no surge con nitidez en el siglo XIX, cuando el vector principal de la política exterior era el de la consolidación del espacio nacional. En efecto, situado en la periferia geográfica, política y

[3] Donald Marquand Dozer, *The Monroes Doctrine. Its modern significance*, Nueva York, Knopf, 1965, p. 21; E. Bradford Burns, *The unwritten alliance. Rio Branco and Brazilian American relations*, cap. VI; Pandiá Calógeras, *Res Nostra...*, San Pablo, Irmãos Ferraz, 1930, p. 110; João Frank da Costa, *Joaquim Nabuco e a política exterior do Brasil*, Río de Janeiro, Record, 1968, p. 109; Carlos Daghlian, *Os discursos americanos de Joaquim Nabuco*, Recife, Fundação Joaquim Nabuco, Editora Massangana, 1988, p. 41; Álvaro Lins, *Rio Branco*, ob. cit., p. 138 y p. 322.

económica del concierto europeo, Brasil no tenía forma de contraponerse a un sistema de funcionamiento de la política internacional en el que el poder de gestión del orden mundial se atribuía, con exclusividad, al equilibrio entre las grandes potencias. Brasil, sin embargo, no estaba de acuerdo con ese sistema. Un ejemplo de eso, en el Imperio, es la cuestión Christie, provocada por la prepotencia imperial de un ultimátum, acompañado de un bloqueo naval durante seis días al puerto de Río de Janeiro, por medio del cual el ministro plenipotenciario de Gran Bretaña trató dos incidentes con navíos ingleses, que tuvieron lugar en Brasil en el inicio de la década de 1860. De ello resultó, en 1863, la ruptura de las relaciones diplomáticas, posteriormente reanudadas en 1866 a partir de la resolución del problema mediante un laudo arbitral del rey belga y la mediación de Portugal.[4]

El hecho de no estar de acuerdo con el indiscutible poder de gestión del orden mundial atribuido y ejercido por las grandes potencias, según la lógica diplomática del concierto europeo, pudo

[4] José Honório Rodrigues, Ricardo A. S. Seitenfus, compilado por Leda Boechat Rodrigues, *Uma história diplomática do Brasil, 1531-1945*, Río de Janeiro, Civilização Brasileira, 1995, pp. 173-183; Hélio Vianna, *História da República/História diplomática do Brasil*, ob. cit., pp. 185-186; Carlos Delgado de Carvalho, *História diplomática do Brasil*, ob. cit., pp. 117-125; José Calvet de Magalhães, *Breve história das relações diplomáticas entre Brasil e Portugal*, FUNAG/Paz e Terra, 1999, pp. 57-59.

comenzar a expresarse después de la consolidación jurídica del espacio nacional. Éste es el significado de la acción diplomática de Ruy Barbosa como delegado de Brasil en La Haya, en 1907. En efecto, en la II Conferencia de Paz, que señala el momento inaugural de la presencia brasileña en foros internacionales, el Brasil republicano, por la voz de Ruy Barbosa, con el apoyo de Rio Branco, reivindicó, con fundamento en la igualdad jurídica de los estados, un papel en la elaboración y la aplicación de las normas que deberían regir los grandes problemas internacionales de la época, cuestionando así la lógica de las grandes potencias. En La Haya, y tomando en cuenta la idea de la promoción de la paz que había inspirado la convocatoria de la Conferencia, Ruy Barbosa sugirió también, en consonancia con la Constitución de 1891, el recurso al arbitraje como medio de evitar la guerra y propuso que se considerase como jurídicamente inválida la enajenación de territorio impuesta por las armas.[5]

Su acción en la II Conferencia de Paz es un antecedente representativo, en el ámbito del multilateralismo, de la conducta diplomática brasileña en el eje asimétrico. Merece por ello algunas consideraciones adicionales, incluso porque ya ha si-

    [5] Pedro Penner da Cunha, *A diplomacia da paz. Ruy Barbosa em Haia*, Río de Janeiro, MEC/Fundação Casa de Ruy Barbosa, 1977; Hildebrando Accioly, prefacio a las *Obras completas* de Ruy Barbosa, vol. 34, tomo II, 1907; *A Segunda Conferência da Paz*, Río de Janeiro, Ministério da Educação e Cultura, 1966, pp. IX-XXVI.

do considerada como expresión de una perspectiva jurídica "idealista", poco apta para lidiar con las realidades de la vida internacional.

Afonso Arinos, al reflexionar sobre el papel de los abogados en la vida pública brasileña, estableció una distinción entre los *juristas*, con vocación teórica y poca aptitud para la vida política –como es el caso de Teixeira de Freitas y Clóvis Bevilacqua–, y los *bachilleres*.* Éstos se valieron de la técnica jurídica como instrumento de la acción política. Es el caso, por ejemplo, de Epitácio Pessoa, de Afrânio de Mello Franco y de Ruy Barbosa –sin duda el mayor de todos los bachilleres de la Primera República–.[6]

En un libro reciente, Bolívar Lamounier mostró que la característica de la acción política de Ruy Barbosa fue una práctica institucional, dirigida a la construcción de un espacio democrático, capaz de superar los males y las imperfecciones de la Primera República. La importancia de su acción fue puesta en cuestión en los años treinta, en nuestro país, con la crítica al "bachillerismo" por parte del pensamiento autoritario de derecha, sobre la base de la dicotomía país real/país formal, y del de izquierda, con fundamento en la primacía de la economía sobre la política. Actualmen-

* Por bachiller se entiende aquí a la persona que ha recibido el primer grado académico en una facultad de Derecho. (N. de la T.)

[6] Afonso Arinos de Mello Franco, *A escalada (Memórias)*, Río de Janeiro, José Olympio, 1965, pp. 48-49.

te, señala Bolívar Lamounier, el derecho como medio para un accionar político-institucional –perseverante y progresivo– es, de modo reconocido, un ingrediente indispensable de la construcción de democracias estables, de lo que se deriva el importante significado del legado de Ruy Barbosa.[7]

La acción de Ruy en La Haya –y éste es mi punto– no sólo es congruente con su práctica política y la relevancia de su legado en el plano interno, sino que también representó, en el plano externo, un accionar diplomático precursor del tema y del proceso de la democratización del sistema internacional. Por este motivo, el alcance de La Haya, en materia de conducta diplomática, trasciende la dicotomía idealismo/realismo y se inserta en el ámbito del estilo de acción grociana, que a mi entender inspira la política exterior brasileña en el siglo XX, conforme lo expuse en el cierre del capítulo II del presente libro. Hago esta observación porque La Haya no fue el fruto de una actuación solitaria de Ruy –como a menudo ocurrió en su vida–, sino el de una asociación con Joaquim Nabuco y Rio Branco. Éste acompañó de cerca, como ministro de Relaciones Exteriores, con el sentido de realidad y el conocimiento de la vida internacional que poseía, pero también con el vigor nada timorato que atravesaba su "idea" de Brasil, lo que estaba sucediendo en La

[7] Bolívar Lamounier, *Ruy Barbosa*, Río de Janeiro, Nova Fronteira, 1999.

Haya. Como recuerda Américo Jacobina Lacombe, los ciento cincuenta despachos telegráficos de Ruy y las respectivas ciento cincuenta respuestas de Rio Branco revelan la presencia directiva del canciller en un foro propicio para la acción de Ruy. El foro era propicio porque La Haya señala lo que llegaría a ser, con el multilateralismo, la práctica de la diplomacia parlamentaria, en cuyo ámbito la combatividad de abogado, la experiencia de parlamentario y el amplio dominio de los *dossiers* que caracterizaban la personalidad de Ruy Barbosa, eran (y continúan siendo) recursos de poder.[8] Éstos son medios apropiados en las situaciones en las que el sistema internacional está abierto hacia una postura grociana frente a la realidad internacional.

Ruy Barbosa, en su condición de "bachiller", explicitó en La Haya la relación entre la técnica jurídica y la acción política, en la construcción de un espacio más democrático en el plano internacional, con la siguiente respuesta al presidente de la sesión, que lo había cuestionado respecto de la interacción que proponía entre política y derecho: "He aquí la política, he aquí el derecho internacional. ¿Cómo separarlos? La política transformó el derecho privado, revolucionó el derecho penal, creó el derecho internacional. Ella es la vi-

---

[8] Américo Jacobina Lacombe, *Rio Branco e Ruy Barbosa*, Río de Janeiro, Ministério das Relações Exteriores, 1948, pp. 85-86; Rubens Ricupero, *Rio Branco. O Brasil no mundo*, ob. cit., p. 55.

da de los pueblos; o es la fuerza o el derecho, la civilización o la barbarie, la guerra o la paz".[9]

En la evaluación que hizo acerca de los resultados para Brasil de la acción en La Haya, Ruy Barbosa observó que la Segunda Conferencia, comparada con la Primera, "mostró a los fuertes el papel necesario de los débiles en la elaboración de los derechos de gentes" y "reveló políticamente al mundo antiguo el nuevo mundo, mal conocido en sí mismo, con su fisonomía, su independencia, su vocación en el derecho de gentes". Todo esto en un escenario en el cual "la vida tanto moral como económica de las naciones es cada vez más internacional. Más que nunca, en nuestros días, los pueblos subsisten por su reputación en el exterior".[10]

El cuestionamiento del papel de la gestión exclusiva del orden mundial por parte de las grandes potencias, iniciado en La Haya en 1907, cobró claridad conceptual en la perspectiva brasileña en la Conferencia de Paz de París de 1919, a la que asistió Brasil debido a su participación, si bien modesta, en la Primera Guerra

[9]   Ruy Barbosa, *Actes et discours*, La Haya, W. P. Van Stockum et Fils, 1907, 5ª sesión, 12 de julio de 1907, p. 49 (la traducción es mía).

[10]   Discurso de Ruy Barbosa en París, el 31 de octubre de 1907, en agradecimiento al homenaje que los brasileños le brindaron por su participación en La Haya, en Ruy Barbosa, *Obras completas*, vol. 34, 1907, tomo I; *Discursos parlamentares*, Río de Janeiro, Ministério da Educação e Cultura, 1962, pp. 128, 134-135.

Mundial. En el debate sobre el reglamento, la conferencia, que condujo al Tratado de Versailles y al Pacto de la Sociedad de las Naciones, planteó el tema al proponer y hacer, en su artículo 1°, una distinción entre las potencias beligerantes con *intereses generales* (Estados Unidos, Francia, Inglaterra, Italia y Japón) –que participarían de todas las sesiones y comisiones– y las demás potencias beligerantes, con *intereses limitados*, que por eso mismo sólo formarían parte de las sesiones en las que se discutirían cuestiones que les concerniesen directamente.

Martin Wight juzga que esta distinción es la mejor definición de las grandes potencias, pues éstas consideran que tener "intereses generales" significa tener intereses tan vastos como el propio sistema interestatal, que en el siglo XX es mundial. Esta universalidad de intereses y ambiciones –aspirar, en las clásicas palabras de Campannella que cita Martin Wight, "*alla somma delle cose umane*"–[11] era ilógica para Calógeras, delegado de Brasil. Era ilógica porque el nuevo principio inspirador de la Liga de las Naciones, basado en los 14 Puntos de Wilson, se contraponía a la

---

[11]   Martin Wight, *Power Politics* (editado por Hedley Bull y Carsten Holbraad), Nueva York, Holmes and Meir, 1979, p. 50, y *System of States* (edición e introducción de Hedley Bull), Leicester, Leicester University Press, 1977, pp. 136-141; cf. igualmente, Hedley Bull, *The anarchical society. A study of order in World politics*, Londres, Mac Millan Press, 1977, cap. IX; Stanley Hoffmann, *Organisations internationales et pouvoirs politiques des Etats*, París, Colin, 1954.

vieja lógica del concierto europeo, que afirmaba el concepto de igualdad de las naciones ante el derecho. En su aplicación, el reglamento negaría este concepto "al relegar a un plano inferior como satélites de otros mayores a las que no fuesen" grandes potencias. Desde la perspectiva de Brasil, la consecuencia, destacaba Calógeras en un telegrama dirigido a Itamaraty y en los apuntes de su "Diario", sería dar a las grandes naciones el papel de tribunales para juzgar respecto de los intereses de las pequeñas.[12]

Movida por esta evaluación, la delegación brasileña tomó la iniciativa de actuar en conjunto con los demás países de "intereses limitados" y de realizar gestiones que llevaran a las grandes potencias a aceptar la presencia de las potencias menores en las diversas comisiones de la Conferencia. El éxito de estas gestiones permitió que la delegación brasileña, dirigida por el futuro presidente Epitácio Pessoa, velase, en la Conferencia de Paz, no sólo por los intereses específicos de Brasil (pagos de ventas de café y regularización de la propiedad de navíos mercantes), sino también por los "intereses generales" inherentes a la creación del nuevo orden internacional de la primera posguerra. También se ocupó Brasil de

[12] Pandiá Calógeras, "Conferência da Paz, Diário. Entradas 13 de janeiro de 1919 e 18 de janeiro de 1919", en Roberto Simonsen, Antonio Gontijo de Carvalho y Francisco de Salles Oliveira (comps.), *Calógeras na opinião de seus contemporâneos*, San Pablo, Siqueira, 1934, pp. 66, 68-69.

"intereses generales" más tarde, como miembro temporario del Consejo de la Liga de las Naciones, condición en la cual permaneció hasta 1926 cuando, en el momento del ingreso de Alemania, se retiró de la Liga por no haber obtenido el status de miembro permanente del Consejo, objetivo diplomático establecido por el presidente Artur Bernardes.[13]

La afirmación de que Brasil tiene "intereses generales", es decir, una visión sobre el mundo y su funcionamiento, y de que esta visión es importante para resguardar y encaminar los intereses específicos del país, explicitada en la primera posguerra, será una constante de la identidad internacional brasileña en el curso del siglo XX. El *locus standi* para esta afirmación reside en la aptitud diplomática con la cual Brasil, con visión y estilo grocianos, ha operado de manera continua en su presencia en la vida internacional como potencia media de escala continental y relevancia regional.

[13] Carlos Delgado de Carvalho, *História diplomática do Brasil*, ob. cit., pp. 381-389; Amado Luiz Cervo y Clodoaldo Bueno, *História da política exterior do Brasil*, ob. cit., pp. 190-208; Eugenio Vargas Garcia, *O Brasil e a Liga das Nações (1919-1926): vencer ou não perder*, Porto Alegre/Brasilia, Editora da UFRGS, FUNAG, 2000, caps. III-V. En el prefacio que escribí para este libro excelente, examiné los desdoblamientos en el tiempo y las dificultades de la aspiración brasileña, que se remonta hasta la Liga de las Naciones, de tener un asiento permanente en el Consejo de Seguridad de las Naciones Unidas.

No es fácil, como se sabe, conceptualizar qué es una potencia media, ni es simple operar diplomáticamente como potencia media. Ruy Barbosa se refirió a estas dificultades operativas en su evaluación acerca del significado de la tarea de representar a Brasil en La Haya:

> Entre los que imperaban en la majestad de su grandeza y los que se encogían en el recelo de su pequeñez, correspondía innegablemente un lugar intermedio a la gran república de América del Sur, tan distante de la soberanía de unos como de la humildad de otros. Era esa posición de término medio la que nos correspondía mantener, con discreción, con delicadeza y con dignidad.

En su análisis, señalaba lo cualitativo de la acción diplomática, pero reconocía las realidades de la "debilidad militar" que nos "colocaba a una distancia muy larga" de las "potestades armadas". En esta situación de "extrema delicadeza" debía Brasil tener "un lenguaje propio, moderado y circunspecto, pero firme y altivo cuando fuese necesario. Se trataba de encontrarlo y de hablarlo con naturalidad, con seguridad, con calma, con franqueza, con tenacidad. No era fácil; pero no era imposible".[14]

[14] Martin Wight, *Power Politics*, ob, cit., pp. 61-67; Carsten Holbraad, "El papel de las potencias medias en la política internacional", *Estudios Internacionales*, año V, núm. 17, enero-marzo de 1972; Discurso de Ruy Barbosa en París, el 31 de octubre de 1907, ob. cit., pp. 130-131.

Giovanni Botero, en su libro de 1589 sobre la razón de Estado, al tratar conceptualmente sobre las potencias medias y sus posibilidades de acción diplomática, señala que éstas tendrían la característica de no ser tan débiles y por ello no estar tan expuestas a la violencia como las pequeñas, y simultáneamente de no provocar, por su tamaño, la envidia ajena, como las grandes. Además, como los del medio participan de los extremos, tienen, en principio, la sensibilidad para ejercitar la virtud aristotélica de la búsqueda equilibrada del término medio.[15] El término medio aristotélico es una de las fórmulas de justicia[16] y puede, por eso mismo, dependiendo de las coyunturas diplomáticas, transformarse en un argumento de legitimidad, apto para alcanzar una amplitud generalizadora e interesar a los demás protagonistas de la vida mundial. En estas circunstancias, la potencia media se ubica en lo que Gelson Fonseca Jr. consideraría un espacio políticamente viable de proposiciones diplomáticas, lo cual le permite ser un articulador de consensos.[17]

---

[15] Giovanni Botero, *La razón de Estado y otros escritos* (traducción, notas y bibliografía de Luciana de Stefano; selección y estudio preliminar de Manuel García Pelayo), Caracas, Universidad Central de Venezuela, 1962, libro I, 5, pp. 96-97; libro II, 5, p. 113.
[16] Hans Kelsen, *Il problema della giustizia* (editado por G. Losano), Turín, Einaudi, 1998, pp. 29-31.
[17] Gelson Fonseca Jr., *A legitimidade e outras questões internacionais*, ob. cit., pp. 137-248, 358; Celso Lafer, *Paradoxos e possibilidades. Estudos sobre a ordem mundial e sobre a política*

Brasil ha mostrado capacidad para articular consensos. Ha sido, con frecuencia, un *tertius-inter-partes*, mediando posiciones entre grandes y pequeños en el plano multilateral. El *locus standi* para el ejercicio de ese papel –que es el de trabajar por la "posibilidad de la armonía"– proviene del hecho de no ser un *monster country* asustador, para volver a Kennan. No es un *monster country* asustador, en primer lugar, porque no tiene, en las palabras del canciller Saraiva Guerreiro, ni "un excedente de poder, ni un excedente de atracción cultural, económica o política". Por eso necesita construir su presencia internacional sobre la base de la confianza, que se expresa en la coherencia. Si bien es, por la limitación de sus recursos, una potencia media en el sistema internacional, al mismo tiempo es una potencia media de escala continental, condición que le proporciona, naturalmente, un papel en la tesitura del orden mundial. En el ejercicio de este papel, que se relaciona con su escala, tampoco es un *monster country* asustador porque se comporta, en función de su historia y de su experiencia de inserción en el mundo, ya sea en el eje de la simetría como en el de la asimetría, de acuerdo con una lectura grociana de la realidad internacional. Este conjunto de factores da a Brasil, en principio, la credibilidad del *soft power* –para seguir a Nye– necesaria para el ejercicio de la virtud aristotélica de

exterior do Brasil num sistema internacional en transformação, Río de Janeiro, Nova Fronteira, 1982, pp. 95-148.

la justicia del término medio. Para el ejercicio competente de esta virtud contribuye también el hecho de contar con una capacitación razonable para la comprensión del mundo, que proviene tanto de un amplio patrimonio de relaciones diplomáticas que Itamaraty ha construido y cultivado con el correr del tiempo, como de la vivencia de un país con mercados diversificados en el campo del comercio y de las inversiones extranjeras de procedencias múltiples en la economía nacional.[18]

Este papel de mediación, en el ámbito de la diplomacia multilateral, no es algo dado; es un desafío de cada coyuntura diplomática. Tener éxito o no frente a tal desafío depende de la mayor o menor intensidad de las tensiones y controversias existentes en el plano internacional, en un momento determinado. Depende, asimismo, del talento de los delegados que, en los foros internacionales y a la luz del marco parlamentario, deben explorar oportunidades de acción. En el plano bilateral, éstas raramente surgen en el eje asimétrico, porque éste propicia de forma natural el empleo

[18] Conferencia del canciller Saraiva Guerreiro en la Escuela Superior de Guerra en Río de Janeiro, 3 de septiembre de 1982, *Resenha da Política Exterior do Brasil*, núm. 34, julio/agosto/septiembre de 1982, pp. 80-82; Joseph Nye Jr., *Bound to Lead. The Changing Nature of American Power*, Nueva York, Basic Books, 1990, cap. VI; Norberto Bobbio, *Teoria generalle della politica*, Turín, Einaudi, 1999, pp. 499-502; Gelson Fonseca Jr., *A legitimidade e outras questões internacionais*, ob. cit., pp. 355-359.

y la aplicación del poder. Pero sí es favorable en el plano multilateral, como diría Hannah Arendt, para la generación de poder. En efecto, éste puede surgir cuando existe un espacio para la realización de iniciativas, capaces de tener consecuencias cuando un grupo acuerda en un curso de acción común.[19] La diplomacia brasileña ha ejercitado el potencial de generación de poder, inherente al papel de *soft power* en el plano internacional, con el objetivo de asegurar un espacio para la defensa de los intereses nacionales. El ejercicio de este papel generador de *soft power* es, por consiguiente, un componente de nuestra identidad internacional orientado hacia el tema de la estratificación internacional, que ha sido construido a lo largo del siglo XX, con las oportunidades creadas a partir de la ampliación del multilateralismo en la vida mundial.

El paradigma que inaugura esta modalidad de actuación puede ejemplificarse con el papel que desempeñó Raul Fernandes en los trabajos de organización de la Corte Permanente de Justicia Internacional, órgano jurídico creado por el sistema de la Liga de las Naciones. Él fue autor de la fórmula de la cláusula facultativa de jurisdicción obligatoria, hasta hoy vigente en la Corte Internacional de Justicia, que sucedió, en el sistema de las Naciones Unidas, a la Corte de la Liga. Esta cláusula hizo posible, mediante la declaración sobera-

---

[19] Hannah Arendt, *The human condition*, Chicago, Chicago University Press, 1958, cap. V: "Action".

na de los estados, la jurisdicción obligatoria de la Corte, incondicionalmente o bajo la condición de reciprocidad. De esta manera se preservó el principio de la igualdad jurídica de todos los estados, resguardando, en la práctica, los intereses de todos –grandes o pequeños–. La fórmula que halló Raul Fernandes es un ejemplo del papel de mediación constructivo que tuvo Brasil para deslindar el *impasse* entre las grandes potencias, miembros permanentes del Consejo, y las potencias menores, en mayoría en la Asamblea de la Liga.[20]

El papel de este componente de la identidad internacional brasileña se ha ajustado a las posibilidades y a las variables ofrecidas por las circunstancias internas y externas. En la década de 1990 fue un dato relevante, en el campo económico, en la conclusión de la Ronda Uruguay del GATT, que condujo a la creación de la Organización Mundial del Comercio (OMC). En la esfera de los valores, estuvo presente en el exitoso encaminamiento de la Conferencia de Viena de 1993 sobre Derechos

---

[20] Raul Fernandes, "Le principe de l'égalité juridique des états dans l'activité internationale de l'après guerre (1921)", en Raul Fernandes, *Nonagésimo aniversário*, vol. 1. *Conferências e trabalhos esparsos*, Río de Janeiro, Ministerio das Relações Exteriores, 1967, pp. 165-186; Antonio Gontijo de Carvalho, *Raul Fernandes. Um servidor do Brasil*, Río de Janeiro, Agir, 1956, pp. 159-174; Eugenio Vargas Garcia, *O Brasil e a Liga das Nações (1919-1926)*, ob. cit., cap. II; Celso Lafer, "A condição da reciprocidade na cláusula facultativa de jusrisdição obrigatória da Corte Internacional de Justiça", *Revista de Direito Público*, año 1, vol. 3, enero-marzo de 1968, pp. 195-208.

Humanos. Ésta posibilitó no sólo un reconocimiento internacional de la universalidad, indivisibilidad, interdependencia e interrelación de las diversas generaciones de derechos humanos (derechos civiles y políticos, derechos económicos y sociales, derechos de titularidad colectiva), sino también la legitimidad del interés internacional en su promoción y protección. Respecto del ejercicio de este papel de *tertius-inter-partes*, me permito dar un testimonio de mi experiencia personal como canciller, en 1992, en el tratamiento y encaminamiento de la Conferencia de las Naciones Unidas sobre Medio Ambiente y Desarrollo, realizada en Río de Janeiro. Brasil, como país de contrastes, como "otro Occidente", con inserción en el Tercer Mundo, vive tanto los problemas ambientales derivados de la pobreza como los de la producción industrial moderna. Por ese motivo, puede contribuir para trabajar la idea de desarrollo sostenible como idea heurística, que relegitimó conceptualmente el tema del desarrollo dentro de una visión de "tema mundial", replanteando bajo el signo de la cooperación esos aspectos de las relaciones norte/sur en el mundo posterior a la Guerra Fría.[21]

Un último ejemplo, para concluir con esta línea de razonamiento que se relaciona con la "larga duración" de la diplomacia brasileña en el eje asi-

[21] Rubens Ricupero, *Visões do Brasil*, ob. cit., pp. 300-321; Luiz Felipe Lampreia, *Diplomacia brasileira. Palavras, contextos e razões*, ob. cit., pp. 263-273; Celso Lafer, *A OMC e a regulamentação do comércio internacional*, ob. cit., *passim*; Gilberto

métrico, es el sentido de nuestra participación en el foro del gobierno progresista, ya sea en la primera reunión en Florencia, en noviembre de 1999, sea en la segunda, que se realizó en Berlín en junio de 2000. Este foro tiene el formato de un espacio para el intercambio libre de ideas entre jefes de Estado y de gobierno, representativos de lo que puede definirse como "nueva centro-izquierda", que a su vez es un esfuerzo de lidiar, simultáneamente, con la equidad social y la eficiencia económica en las condiciones actuales del proceso de globalización.

En la reunión de Florencia, a la cual asistieron Blair (Gran Bretaña), Clinton (Estados Unidos), Jospin (Francia), D'Alema (Italia) y Schroeder (Alemania), Fernando Henrique Cardoso fue la única presencia de un país en desarrollo. En Florencia, el presidente brasileño señaló que, en una era de globalización, "se impone el enfoque progresista también en el plano internacional", pues existe un déficit de gobierno en el plano mundial. Este déficit, que tiene su raíz en una economía mundial sin gobierno mundial, plantea dos desafíos esenciales: "(i) *la corrección de las asime-*

Vergne Sabóia, "Um improvável consenso: a Conferência Mundial de Direitos Humanos e o Brasil", en *Política Externa*, vol. 2, núm. 3, diciembre de 1993, pp. 3-18; J. A. Lindgren Alves, *Os direitos humanos como tema global*, San Pablo, Perspectiva, 1994, *passim*; Celso Lafer, *Desafios: ética e política*, San Pablo, Siciliano, 1995, pp. 181-198, 201-243, y *A inserção internacional do Brasil. A gestão do ministro Celso Lafer no Itamaraty*, pp. 295-304, 309-312, 323-344, 357-365.

trías de ganancias y ventajas que aún caracterizan al sistema internacional, y (ii) la elaboración de políticas dirigidas a la construcción de una *globalización solidaria*". De allí derivan la importancia del perfeccionamiento del orden internacional en el plano financiero y en el plano comercial, y el imperativo de "asegurar una relación adecuada entre la lógica del mercado internacional y las necesidades sociales internas de cada país". En Florencia, Brasil hizo "escuchar entre los ricos la voz de los pobres", y su objetivo, afirmado en el *locus standi* de una potencia media de escala continental, fue el de trabajar la inserción en la agenda internacional de los serios problemas que derivan del "fundamentalismo del mercado".[22]

La reunión de Berlín fue más amplia. En ella participaron catorce jefes de gobierno, de los cuales cuatro pertenecían a países en desarrollo, entre los que cabe mencionar al presidente Fernando de la Rúa, de la Argentina, nuestro país socio en el Mercosur. Berlín, con la participación activa del presidente brasileño, dio continuidad al proceso dirigido a replantear en términos actualizados la importancia de un tratamiento colectivo de los

[22] Fernando Henrique Cardoso, "O modo progressista de governar" y "Presentación", en Lúcio Alcântara, Vilmar Faria y Carlos H. Cardin (comps.), *Globalização e governo progressista. Novos caminhos. Reunião de Florença, 1999*, Brasilia, Instituto Teotonio Vilela, 2000, pp. 10, 196-197, 199-200. En este mismo volumen, véase Lúcio Alcântara, "A reunião de Florença", pp. 211-215, y Luis Carlos Bresser Pereira, "A nova centro-esquerda", pp. 277-288.

grandes problemas internacionales, que fue una de las aspiraciones contempladas en el diálogo norte-sur de las décadas de 1960 y 1970.[23]

Este proceso, en Florencia y Berlín, se plantea en el campo de los valores. El campo de los valores se relaciona con las afinidades o disonancias que resultan de las distintas formas de concebir la vida en sociedad. Es relevante porque la conducta de los distintos protagonistas de la vida internacional no está sólo dirigida por las relaciones de fuerza y de intereses militares o económicos. En efecto, ideas, sentimientos, percepción influyen también sobre las decisiones en el sistema internacional. Son mapas del conocimiento y de la sensibilidad en los cuales está presente el poder cualitativo y organizador del saber, necesario para dar las razones de una acción colectiva que, en el plano internacional, requiere fuerza de persuasión.[24] De allí deriva el sentido, en Florencia y Berlín, del lenguaje de Brasil que hace eco de la *vis directiva* inaugurada en La Haya en 1907.

[23] Roberto Abdenur, "Governança progressiva e papel do estado; considerações sobre o 'Comunicado de Berlim'", *Política Externa*, vol. 9, núm. 2, septiembre/octubre/noviembre de 2000, pp. 98-103.

[24] Judith Goldstein y Robert O. Keohane, "Ideas and foreign policy: an analytical framework", en Judith Goldstein y Robert O. Keohane (comps.), *Ideas and foreign policy. Beliefs, institutions and political change*, Ithaca, Cornell University Press, 1993, pp. 3-30; Norberto Bobbio, *Il dubbio e la scelta. Intelletuali e potere nelle società contemporanea*, Roma, La Nuova Italia Scientifica, 1993.

5. La búsqueda del desarrollo del espacio nacional. El nacionalismo de fines y la diplomacia de la inserción controlada en el mundo

El desarrollo del espacio nacional, como nota distintiva de la política exterior brasileña post Rio Branco, se vio atravesado, en sus formulaciones, por análisis y reflexiones hechos en el plano interno, a lo largo del siglo XX, sobre la identidad nacional. Éstos fueron, en parte, inducidos por el tema de la estratificación internacional, es decir, por la percepción del Otro, derivada de las asimetrías de poder entre las naciones. La nota fuerte la dio, sin embargo, el debate acerca del contraste entre el potencial y las realidades de un país de escala continental, como Brasil. En este contexto cabe examinar, en la construcción de su identidad internacional, el papel del nacionalismo. En línea con uno de los sentidos de la historia brasileña, éste tiene la característica de orientarse hacia la integración interna del gran espacio nacional. No es, por consiguiente, como otros, un nacionalismo expansionista.

En este sentido, decía con claridad Rio Branco en un discurso que pronunció en Río de Janeiro en 1905, en ocasión del III Congreso Científico Latinoamericano:

> La Nación brasileña sólo ambiciona engrande-
> cerse por las obras fecundas de la paz, con sus
> propios elementos, dentro de las fronteras en
> que se habla la lengua de sus mayores, y quiere
> llegar a ser fuerte entre vecinos grandes y fuer-
> tes, para honra de todos nosotros y para seguri-
> dad de nuestro continente que quizás otros pue-
> dan llegar a juzgar menos ocupado.
>   Es indispensable [continuaba] que antes
> de medio siglo, cuatro o cinco, por lo menos, de
> las mayores naciones de América Latina, por
> noble emulación, lleguen, como nuestra gran
> y querida hermana del Norte, a competir en
> recursos con los más poderosos estados del
> mundo.[1]

En su análisis de este discurso, Rubens Ricupero señala que la dirección que orientaba la visión de futuro de Rio Branco era el desarrollo como medio de reducir el diferencial del poder, responsable de la vulnerabilidad sudamericana. Esta reducción de la vulnerabilidad traería un equilibrio internacional más adecuado, deseable en relación con las grandes potencias europeas y con los Estados Unidos, e igualmente aplicable en lo que concierne a Brasil, que "quiere ser fuerte entre vecinos grandes y fuertes". La vía a recorrer en ese sentido no debería ser la de la expansión ha-

[1] *Obras do Barão do Rio Branco*, ob. cit., vol. 9, *Discursos*, pp. 76-77.

cia fuera, sino la del esfuerzo interno, como reco-
mendaba el mismo Rio Branco en un discurso
pronunciado el 20 de abril de 1909, al hablar del
"trabajo de años, y muchos años, por la noble y
fecunda emulación en el camino de todos los
progresos morales y materiales". Este trabajo es el
que permitirá a Brasil y a los países de América
Latina "igualar en poder y riqueza a nuestra gran
hermana del Norte y a las naciones más adelan-
tadas de Europa". En este mismo discurso de
1909, señaló los riesgos de la "locura de las hege-
monías" y del "delirio de las grandezas por la prepotencia", y afirmó:

> Estoy persuadido de que nuestro Brasil del fu-
> turo ha de continuar invariablemente confian-
> do por encima de todo en la fuerza del derecho
> y del buen sentido, y como hoy, por su cordu-
> ra, desinterés y amor por la justicia, buscando
> merecer la consideración y el afecto de todos
> los pueblos vecinos, en cuya vida interna se
> abstendrá siempre de intervenir.[2]

Como se desprende de este texto, la visión de futuro pregonada por Rio Branco se basaba, en el
plano externo, en una acción diplomática que debía implementarse según una conducta afirmada
en la lectura grociana de la realidad internacional.
¿De qué manera el nacionalismo, en la experien-

[2] *Obras do Barão do Rio Branco*, ob. cit., vol. 9, *Discursos*,
pp. 190-191; Rubens Ricupero, *Rio Branco. O Brasil no mundo*, ob. cit., pp. 61-62.

cia histórica de nuestro país, fue dando contenido concreto, en el siglo XX, a tal visión de futuro?

El nacionalismo es en general un término que comporta significados múltiples. Tiene, para países en formación, una vertiente defensiva que proviene de las asimetrías de la estratificación de la vida internacional. Esto es lo que dice Pontes de Miranda en su colaboración en un libro de 1924, *À margem da história da República*, compilado por Vicente Licinio Cardoso con la idea de pasar revista a los problemas del país, en el clima crítico del balance del centenario de la Independencia. En el análisis sobre los "Preliminares para la revisión constitucional", Pontes de Miranda afirma, en un primer momento, que, a pesar de las discontinuidades y de las diferencias económicas y sociales existentes en el país, la unidad nacional "es nuestro único motivo justo de orgullo y el único título de verdad que podremos tirar sobre la mesa cuando tengamos que invocar frente a los pueblos nuestro derecho a la existencia y la presunción de que somos más capaces". Más adelante, en la discusión de la pregunta que él mismo se plantea –¿debemos ser nacionalistas?–, al tratar la cuestión del socialismo y después de decir que "el socialismo de los pueblos explotadores puede ser universalista y no patriótico", afirma: "Mientras exista la opresión económica y política entre Estados, entre naciones, el socialismo de los oprimidos tiene que ser nacionalista".[3]

[3] Pontes de Miranda, "Preliminares para a revisão consti-

Así, en el caso de Brasil y resumiendo lo que es un debate de facetas diversas, creo que se puede decir, en la dirección de Antonio Candido, quien cita además el texto de Pontes de Miranda, que, si bien hay en el nacionalismo brasileño una vertiente más ingenua, la de la exaltación patriótica del potencial de un país nuevo y de futuro –cuyo ejemplo inaugural es el libro de 1900 de Afonso Celso, *Porque me ufano do meu país*–, hay también una vertiente más profunda, la de una evaluación más dura y realista de las deficiencias del país. Esta evaluación tiene sus raíces en los "clásicos" de las ciencias sociales de los años treinta (Gilberto Freyre, Sérgio Buarque de Holanda, Caio Prado Jr.) y en sus sucesores de las décadas siguientes (por ejemplo, Celso Furtado, Raymundo Faoro, Florestan Fernandes), que buscaron interpretar a Brasil. De allí deriva la base de una importante producción académica que, con enfoques metodológicos y orientaciones políticas diferentes, se ocupó de explicar cuáles eran las "fallas" en la formación del país. En este sentido, la Revolución de 1930, que es una divisoria de aguas política, económica y cultural en la historia brasileña del siglo XX, señaló un cambio generalizado de perspectiva, que condujo a la profundización crítica del nacionalismo brasileño

tucional", en Vicente Licinio Cardoso (comp.), *À margem da história da República*, 2ª ed., introducción de Alberto Venâncio Filho, tomo II, Brasilia, Editora da Universidade de Brasília, 1981, pp. 5 y 12.

al poner en el tapete la noción de Brasil como país subdesarrollado.[4]

La consecuencia de este proceso de toma de conciencia llegó a ser la percepción de que la construcción de la nacionalidad, en el siglo XX, requeriría un proyecto que, por medio de una acción sistemática, superase las "fallas" de formación, entre las que se incluye el problema de la exclusión social. De allí proviene la idea fuerza de un nacionalismo integrador del espacio nacional, basado en el desarrollo. Éste resultaría de un nacionalismo de fines, que Hélio Jaguaribe, en su importante reflexión analítica sobre el significado del nacionalismo en Brasil, planteó en los términos siguientes: "El nacionalismo no es imposición de nuestras peculiaridades, ni simple expresión de características nacionales. Es, al contrario, un medio para alcanzar un fin: el desarrollo".[5]

Del contexto orientador de esta reflexión se nutrirán con nitidez, a partir de los años treinta,

[4] Antonio Candido, *Vários escritos*, 3ª ed. revisada y ampliada, San Pablo, Duas Cidades, 1995, pp. 293-305, *A educação pela noite e outros ensaios*, San Pablo, Ática, 1987, pp. 140-162, 181-198, y *Teresina etc.*, San Pablo, Paz e Terra, 1980, pp. 135-152; Dante Moreira Leite, *O caráter nacional brasileiro. História de uma ideologia*, San Pablo, Pioneira, 1969; Carlos Guilherme Mota, *Ideologia da cultura brasileira*, 3ª ed. (1933-1974), San Pablo, Àtica, 1977; Mário Vieira de Mello, *Desenvolvimento e cultura. O problema do estetismo no Brasil*, San Pablo, Nacional, 1963; Gelson Fonseca Jr., *A legitimidade e outras questões internacionais*, ob. cit., pp. 251-291.

[5] Hélio Jaguaribe, *O nacionalismo na atualidade brasileira*, Río de Janeiro, ISEB, 1958, p. 52.

la política exterior y la acción diplomática de Brasil, que tienen dos líneas maestras. La primera es la de cultivar el espacio de autonomía, es decir, el celo, en las palabras del canciller Horácio Lafer, en 1959, por "preservar la libertad de interpretar la realidad del país y de encontrar soluciones brasileñas para los problemas brasileños".[6] La segunda es el empeño en la identificación de cuáles son los recursos externos que, en distintas coyunturas internacionales, pueden movilizarse para atender al imperativo interno del desafío del desarrollo, una vez que, en las palabras del mismo canciller en 1960, en la OEA: "Vemos en todos los cuadrantes del mundo que la lucha contra el subdesarrollo económico es la palabra de orden, la razón última de las composiciones políticas y de las reivindicaciones populares".[7]

En la lógica diplomática brasileña de un nacionalismo de fines, en el período que se extiende hasta el final de la década de 1980, estas líneas maestras se tradujeron en trabajar las modalidades posibles de una integración controlada en la economía mundial, movilizando recursos para profundizar el proceso de sustitución de impor-

---

[6] Horácio Lafer, "Discurso de posse no Ministério das Relações Exteriores", el 4 de agosto de 1959, en *Gestão do Ministro Lafer na Pasta das Relações Exteriores* (del 4 de agosto de 1959 al 31 de enero de 1961), Ministério das Relações Exteriores/Departamento de Imprensa Nacional, 1961, p. 83.
[7] Horácio Lafer, "Discurso no Conselho da OEA", *Revista Brasileira de Política Internacional*, año II, núm. 10, junio de 1960, p. 125.

taciones, que asociaba mercado interno e intervencionismo estatal, con el objetivo de promover la industrialización y el desarrollo. Se tradujo, también, en un esfuerzo por construir el espacio de la autonomía nacional por medio de un moderado y relativo distanciamiento –mayor o menor, dependiendo de las condiciones de permisibilidad, para acudir a la terminología de Hélio Jaguaribe, dadas por la dinámica de la política mundial–[8] en relación con los polos de poder del eje asimétrico de las interacciones internacionales de Brasil. Este comportamiento diplomático se hizo viable tanto por la escala continental como por el hecho de que el país no haya estado en la línea de frente de las tensiones prevalecientes en el centro del sistema internacional.

El celo por preservar un espacio de autonomía tiene, en la diplomacia del Imperio, un antecedente ejemplar en la oposición a la renovación de los tratados de comercio celebrados, *inter alia*, con Inglaterra, Francia y Austria. Estos tratados, que se insertaban en el eje asimétrico de las relaciones internacionales de Brasil, fueron negociados entre 1826 y 1829, en las difíciles condiciones de los años iniciales de la Independencia. Limitaban el arancel aduanero, concedían prefe-

[8] Hélio Jaguaribe, *Novo cenário internacional: conjunto de estudos*, Río de Janeiro, Guanabara, 1986, pp. 33-82; Gelson Fonseca Jr., "Relendo un conceito de Jaguaribe: a permissibilidade no sistema internacional", en Alberto Venâncio Filho, Israel Klabin y Vicente Barreto (comps.), *Estudos em homenagem a Hélio Jaguaribe*, San Pablo, Paz e Terra, 2000, pp. 93-103.

rencias comerciales y, en el caso de Inglaterra, contemplaban también la figura de un juez conservador de la nación inglesa, lo que representaba un obstáculo para la afirmación plena de la competencia jurisdiccional del Estado brasileño. La firme oposición interna a la renovación de esos tratados, en la que se destacó la acción del Legislativo, llevó en la década de 1840 a su finalización y a la política siguiente del Imperio de rechazar sistemáticamente acuerdos de este tipo con naciones de economías más poderosas. Así, el país recobró libertad de movimientos para conducir sus políticas públicas, comenzando por la afirmación de su independencia tributaria, pues la renta de importación era, en la época, la fuente principal de recaudación. En este sentido, Alves Branco elevó en 1844 los aranceles de un 15% a una regla general de 30% *ad-valorem*, con lo que contribuyó igualmente a favorecer el primer brote de industrialización en Brasil.[9]

Entre los antecedentes de la postura diplomática de la autonomía por medio del distanciamiento posible, también vale la pena recordar,

[9] J. Pandiá Calógeras, *A política exterior do Império*, vol. 3, *Da Regência à queda de Rosas*, 2ª ed., Brasilia, Fundação Alexandre de Gusmão, Câmara dos Deputados, Nacional, 1989, pp. 371-383; Amado Luiz Cervo y Clodoaldo Bueno, *História da política exterior do Brasil*, ob. cit., pp. 59-71; Nícia Vilela Luz, *A luta pela industrialização do Brasil*, San Pablo, Difusão Européia do Livro, 1961, cap. I; Amado Luiz Cervo, *O Parlamento brasileiro e as relações exteriores (1826-1889)*, Brasilia, Editora da Universidade de Brasília, 1981, pp. 20-29.

como hace José Honório Rodrigues, el significado de la posición de Domicio da Gama –discípulo de Rio Branco– cuando fue embajador de Brasil en Washington. En un telegrama del 24 de febrero de 1913 al entonces canciller Lauro Müller, que pretendía "marchar siempre de acuerdo" con los Estados Unidos, Domicio da Gama proponía:

> que a los Estados Unidos no dé Brasil mayores pruebas de consideración que las que reciba de ellos, que nos coloquemos en una posición de retribuir y no de adelantar, ya que el apresuramiento sólo serviría para desprestigiarnos, como a otros les sucede.[10]

En este espíritu, el esfuerzo para traducir necesidades internas en posibilidades externas, ampliando el poder de control del país sobre su destino, en la lógica diplomática de un nacionalismo de fines, tuvo en las diversas fases del primer gobierno de Getúlio Vargas (1930-1945) su significativo paradigma inaugural. En este período, iniciado bajo el impacto de la crisis de 1929, que interrumpió los flujos de capital y provocó la caída de los precios del café –en aquella época, el principal producto de exportación del país–, el primer problema pasó a ser el de conseguir divisas para sostener el comercio exterior y los compromisos financieros. En función de estos impe-

---

[10] José Honório Rodrigues, *Interesse nacional e política externa*, Río de Janeiro, Civilização Brasileira, 1966, p. 56.

rativos, el gobierno exploró las brechas existentes en el sistema internacional por medio de una equidistancia pragmática en relación con las grandes potencias. Buscó créditos de corto plazo en Inglaterra; renegoció compromisos financieros internacionales del país; celebró, en 1935, un tratado bilateral de comercio con los Estados Unidos, mientras mantuvo al mismo tiempo, a pesar de la oposición norteamericana, el intenso comercio compensado con Alemania. En una coyuntura no sólo económicamente difícil, sino cada vez más tensa políticamente, marcada por la confrontación interna y externa de las luchas ideológicas y de la rivalidad beligerante entre las grandes potencias, que llevaron a la Segunda Guerra Mundial, Vargas jugó diplomáticamente con el potencial de la importancia estratégica del país para movilizar recursos externos con el fin de atender necesidades internas.

Gerson Moura muestra que la eclosión de la guerra llevó a que la equidistancia pragmática se transformara en un alineamiento efectivo con los Estados Unidos, en obediencia a un dato de la realidad, esto es, el peso y la importancia de aquel país en el contexto interamericano, hecho del cual Getúlio Vargas tenía mucha conciencia, y de allí el celo con el que cultivó la relación con Roosevelt. Representó, también, en el ámbito interno del gobierno de Vargas, el éxito del ala liderada por el canciller Oswaldo Aranha, que con empeño y talento defendía la causa de los aliados. Este alineamiento fue, no obstante, negociado a la luz de la lógica diplomática de un nacionalismo de fines, y tuvo como sostén lo que podía ofrecer el país para la conducción de la guerra, esto es, materias primas esenciales y bases en el Nordeste, importantes para la guerra en África. Esta negociación se expresa en dos planos complementarios: el económico y el estratégico militar.[11]

En el plano económico, el objetivo del gobierno de Vargas fue promover la industrialización y el desarrollo del país, por medio de una inserción controlada en la economía mundial, compatible, dicho sea de paso, con lo que ocurría en el resto del mundo.

La ilustración, por excelencia, de este objetivo es la financiación que después de muchas

[11] Gerson Moura, *Autonomia na dependência*, Río de Janeiro, Nova Fronteira, 1980, y *Sucessos e ilusões. Relações internacionais do Brasil durante e após a Segunda Guerra Mundial*, Río de Janeiro, Editora da Fundação Getúlio Vargas, 1991; Maria Celina Soares d'Araújo y Gerson Moura, "O tratado comercial Brasil-Estados Unidos e os interesses industriais brasileiros", *Revista Ciência Política*, 21, enero-marzo de 1978, pp. 55-73; Marcelo de Paiva Abreu, *O Brasil e a economia mundial, 1930-1945*, Río de Janeiro, Civilização Brasileira, 1999; Roberto Gambini, *O duplo jogo de Vargas*, San Pablo, Símbolo, 1977; Ricardo Antonio Silva Seitenfus, *O Brasil de Getúlio Vargas e a formação dos blocos: 1930-1942*, San Pablo, Nacional, 1985; Stanley E. Hilton, *Brazil and the great powers, 1930-1939. The politics of trade rivalry*, Austin, University of Texas Press, 1975; Frank D. Mc Cann Jr., *The Brazilian-American Alliance, 1937-1945*, Princeton, Princeton University Press, 1973; João Hermes Pereira de Araújo, "Oswaldo Aranha e a diplomacia", ob. cit.; Stanley Hilton, *Oswaldo Aranha. Uma biografia*, Río de Janeiro, Objetiva, 1994.

tratativas se obtuvo de los Estados Unidos para la implantación de la siderurgia en Brasil. En la entrada del 31 de mayo de 1940, Getúlio registró en su *Diario*, en los términos siguientes, este triunfo diplomático, que es ejemplar para echar luz sobre el significado del nacionalismo de fines:

> Poco antes de retirarme, recibí un mensaje cifrado de nuestro embajador en Washington informando que el gobierno americano [estaba] dispuesto a financiar nuestro programa siderúrgico. Fue una noticia feliz que me llenó de satisfacción. Es un nuevo tenor de vida para Brasil: la riqueza y el poder.[12]

En el plano estratégico militar, el objetivo fue promover el reequipamiento de las fuerzas armadas y obtener el apoyo apropiado de los Estados Unidos para la decisión brasileña de participar efectivamente en la guerra, por medio del envío de la Fuerza Expedicionaria al teatro de operaciones en Europa. Esta decisión le dio a Brasil, en la segunda posguerra –en contraste, por ejemplo, con la Argentina de Perón–, el *locus standi* y la confiabilidad de un país realmente alineado con los vencedores, que construirían a continuación el nuevo orden mundial.

La bipolaridad rígida de la Guerra Fría y las prioridades norteamericanas en la reconstrucción de Europa (Plan Marshall) hicieron, en el gobier-

---

[12] Getúlio Vargas, *Diário*, ob. cit., vol. 2, p. 316.

no de Dutra, que el *locus standi* del alineamiento de Brasil con los Estados Unidos se tornase un alineamiento con pocas recompensas para la lógica diplomática del nacionalismo de fines. El alineamiento político con los Estados Unidos no impidió sin embargo –y vale la pena destacar este punto– que, en el ámbito del multilateralismo económico que entonces comenzaba a consolidarse, la diplomacia brasileña afirmase la especificidad de los intereses del país en la promoción del desarrollo económico y de la industrialización. Esto se verifica en el historial de las negociaciones de la Carta de La Habana, destinadas a la creación de la malograda Organización Internacional del Comercio, cuyo subproducto se restringió al GATT.[13]

Los escasos márgenes de maniobra en el plano internacional (Guerra de Corea) que caracterizaron al segundo gobierno de Vargas (1951-1954) también limitaron, en el plano externo, el pragmatismo diplomático de ese tipo de nacionalismo. Esto no impidió la prosecución de una inserción controlada en la economía mundial, para llevar adelante el proceso de sustitu-

[13] Gerson Moura, O *alinhamento sem recompensa. A política externa do governo Dutra*, Río de Janeiro, CPDOC/FGV, 1990; Paulo Roberto de Almeida, "A diplomacia do liberalismo econômico", en José Augusto Guilhon Albuquerque (comp.), *Sessenta anos de política externa brasileira, 1930-1990*, ob. cit., vol. 1, *Crescimento, modernização e política externa*, pp. 188-193.

ción de importaciones y la discusión en el ámbito internacional de la problemática del desarrollo.[14]

João Neves de Fontoura, que fue el primer canciller del segundo gobierno de Vargas y que sostenía, en el plano político, la relevancia del conflicto Este/Oeste y el apoyo de Brasil a la causa de Occidente, expresó en su discurso de 1952 en la Asamblea General de las Naciones Unidas, con claridad, la prioridad que se debía dar, desde la perspectiva brasileña, al desarrollo en el contexto de un mundo que se estaba dividiendo, según sus palabras, entre "un pequeño número de comunidades prósperas" y "un vasto proletariado internacional". Y decía:

> Estoy convencido, con todo, de que nuestros mayores problemas son los económicos, y de que lo que necesitamos aquí es una política dinámica, capaz de satisfacer las necesidades que surgen en muchos países como resultado de su crecimiento.

Por eso afirmaba más adelante:

> Tienen que darse pasos inmediatos para diseñar un amplio programa de acción que beneficie a los países subdesarrollados y a aquellos

[14] Mónica Hirst, "A política externa do segundo governo de Vargas", en José Augusto Guilhon Albuquerque (comp.), *Sessenta anos de política externa brasileira, 1930-1990*, ob. cit., vol. 1, *Crescimento, modernização e política externa*, pp. 211-230.

que aún no llegaron siquiera a un nivel económico que asegure la mera subsistencia.[15]

Las fisuras del sistema internacional (Bandung, Suez, revolución húngara) abrieron espacio para que la política exterior brasileña ejercitara, de manera más desenvuelta, el nacionalismo de fines en el estilo grociano de su conducta diplomática. En este contexto se sitúa la Operación Panamericana (OPA).

La OPA fue una afirmación innovadora de diplomacia presidencial. Por medio de ella, Juscelino Kubitschek (1956-1961) articuló en el ámbito del sistema interamericano el imperativo del desarrollo como condición de sustentación de la democracia, de la solidaridad y de la paz. Tal articulación se hizo efectiva por medio de una iniciativa política que tuvo como punto de partida la oportunidad creada por las hostilidades que marcaron la visita del vicepresidente norteamericano Richard Nixon, en 1958, a Lima y Caracas.

La OPA tuvo la dimensión simbólica, en el plano de los valores, de colocar inequívocamente a la diplomacia brasileña al servicio del desarrollo, de forma muy convergente con la dirección que orientó la presidencia de Juscelino Kubitschek ("50 años en 5"). En este plano, tuvo mucho que

---

[15] *A palavra do Brasil nas Nações Unidas*. Discurso del ministro João Neves de Fontoura en la VII Sesión Ordinaria de la A. G. (14 de octubre de 1952), pp. 55-56.

ver la intuición de uno de sus grandes inspiradores, Augusto Frederico Schmidt, quien afirmó en su discurso de 1959 como jefe de la delegación brasileña a la XIV Asamblea General de las Naciones Unidas:

> Brasil añade hoy, con carácter prioritario, a la política de colaboración internacional para el desarrollo, que es la política del futuro, la política de la esperanza. Estamos profundamente convencidos de que −como afirmó el jefe de la Nación brasileña− la inercia ante el problema de la miseria, de las enfermedades, de la ignorancia, en un mundo que tiene a su disposición recursos científicos y técnicos nunca antes soñados, constituye un crimen contra el espíritu, un atentado a nuestros pretendidos foros de civilización, una ofensa moral imperdonable y una imprudencia política de consecuencias incalculables para la paz del mundo. Que esa advertencia sea escuchada antes de que sea tarde.[16]

La OPA tuvo al mismo tiempo una dimensión técnica dirigida a la profundización de la visión multilateral de los problemas económicos del desarrollo. Entre éstos estaba el de la movilización de recursos para su financiación. De allí la importancia en este contexto de la creación del Banco

---

[16] *A palavra do Brasil nas Nações Unidas*. Discurso del embajador Augusto Frederico Schmidt en la XIV Sesión Ordinaria de la A. G. (14 de septiembre de 1959), p. 157.

Interamericano de Desarrollo (BID), que tuvo en la OPA una de sus bases principales de materialización.[17]

Las condiciones de permisibilidad del sistema internacional y los factores internos posibilitaron los esfuerzos de universalización de la Operación Panamericana por medio de la política exterior independiente de los presidentes Jânio Quadros (1961) y João Goulart (1961-1964), en la cual tuvieron un papel destacado los cancilleres Afonso Arinos y San Tiago Dantas.[18]

[17] "Operación Pan-Americana", *Documentário VI* (Relatorio Cleantho Paiva Leite), Río de Janeiro, Presidência da República, 1960. Sobre la política exterior en el gobierno JK, véanse Ricardo Wahrendorf Caldas, *A política externa do governo Kubitschek*, Brasilia, Thesaurus, 1966; Gerson Moura, "Avanços e recuos: a política exterior de JK", en Angela de Castro Gomes (comp.), *O Brasil de JK*, Río de Janeiro, Editora da Fundação Getúlio Vargas/CPDOC, 1991, pp. 23-43; Alexandra de Mello e Silva, *A política externa de JK: Operação Pan-Americana*, Río de Janeiro, CPDOC/FGV, 1992; Paulo Tarso Flecha de Lima, "A diplomacia", Celso de Souza e Silva, "A OPA", en Afonso Heliodoro dos Santos y Maria Helena Alves (comps.), *JK, o estadista do desenvolvimento*, Brasilia, Memorial JK/Senado Federal, 1991, pp. 273-286, 289-297.

[18] Braz José de Araújo, "A política externa no governo de Jânio Quadros", en José Augusto Guilhon Albuquerque (comp.), *Sessenta anos de política externa brasileira, 1930-1990*, ob. cit., vol. 1, *Crescimento, modernização e política externa*, pp. 253-281; Rodrigo Amado, "A política externa de João Goulart", ibíd., pp. 283-287; Gelson Fonseca Jr., *A legitimidade e outras questões internacionais*, ob. cit., pp. 293-352; Paulo G. F. Vizentini, *Relações internacionais e desenvolvimento. O nacionalismo e a política externa independente 1951-1964*, Petrópolis,

La universalización en el campo político buscó diversificar las relaciones diplomáticas con el objetivo de ampliar el espacio de la autonomía. De allí deriva el trabajo de aproximación con los países africanos y asiáticos, en la ola del proceso de descolonización, y el significado del restablecimiento, en 1961, de las relaciones con la Unión Soviética, rotas en el gobierno de Dutra (1947), que estuvo precedido por la reanudación de las relaciones comerciales al final del gobierno de Kubitschek.

En el campo económico, en el período de la política exterior independiente, la agenda diplomática brasileña se universalizó, valiéndose de las tesis de la CEPAL sobre el deterioro de los términos de intercambio de los productos primarios. Se dio nuevo énfasis a las dificultades del comercio exterior del país y al significado de esto en los problemas de la generación de recursos cambiarios para el desarrollo interno. Estas dificultades ("el estrangulamiento cambiario") estaban centradas en el valor económico de una pauta de exportaciones concentrada en el café, así como también en el cacao y el azúcar. De allí la

---

Vozes, 1995; Celso Lafer y Félix Peña, *Argentina y Brasil en el sistema internacional*, ob. cit.; San Tiago Dantas, *Política externa independiente*, Río de Janeiro, Civilização Brasileira, 1962; Aspásia Camargo, Maria Clara Mariani y Maria Tereza Teixeira, O *intelectual e a política: encontros con Afonso Arinos*, Brasilia, Senado Federal, Río de Janeiro, CPDOC/FGV, 1983, pp. 161-188.

importancia de la exitosa negociación del Acuerdo Internacional del Café en 1962, que reunía países productores en desarrollo y países consumidores desarrollados y que creó una disciplina jurídica mundial para el café, que asociaba mercado e intervención (cuotas), para mantener un equilibrio de precios apropiado. En la misma línea, pero con un alcance más amplio, está el papel de Brasil en la articulación diplomática que llevó a la creación en 1964 de la Conferencia de las Naciones Unidas sobre Comercio y Desarrollo (UNCTAD) como una organización internacional orientada hacia la vinculación entre comercio internacional y desarrollo. El significado de esta articulación, y lo que ella representó como profundización de la capacidad técnica de los países en desarrollo para la identificación de sus problemas y en la búsqueda de soluciones específicas, fueron una de las tónicas del pronunciamiento del canciller Araújo Castro el 24 de marzo de 1964, en Ginebra, en la cuarta sesión plenaria de la Conferencia de los Países en Desarrollo. Hay que señalar, además, en el ámbito de la UNCTAD, la defensa de la tesis de acceso a mercados, sin el tipo de reciprocidad previsto en el GATT, por medio de un sistema de preferencias que deberían conceder los países desarrollados a los productos exportados por los países en desarrollo. De allí también la irradiación en el tiempo del concepto de "trato especial y diferenciado" como categoría del derecho al desarrollo, defendida por el Grupo de los 77, con activa participación brasileña, en las negociaciones económicas internacionales.[19]

La implantación del régimen militar en 1964 tuvo lugar en el contexto de una significativa batalla ideológica entre izquierda y derecha, que reverberaba la bipolaridad Este/Oeste. Por eso, los factores internos y externos de la coyuntura de la época amainaron en el momento inicial, es decir, en el gobierno de Castelo Branco (1964-1967), la propensión a la autonomía mediante el distan-

---

[19] El discurso de Araújo Castro, "Comércio internacional e desenvolvimento", está reproducido en Rodrigo Amado (comp.), *Araújo Castro*, Brasilia, Editora da Universidade de Brasília, 1982, pp. 43-49; cf. Luis Lindenberg Sette, "A diplomacia econômica brasileira no pós-guerra (1945-1964), en José Augusto Guilhon Albuquerque (comp.), *Sessenta anos de política externa brasileira, 1930-1990*, ob. cit., vol. 2, *Diplomacia para o desenvolvimento*, pp. 239-266; Pedro Sampaio Malan, "Relações econômicas internacionais do Brasil (1945-1964)", en Boris Fausto (dir.), *História geral da civilização brasileira: Período republicano*, tomo III, vol. 4 (Economia e Cultura, 1930-1964), pp. 83-106; Paulo Roberto de Almeida, *O Brasil e o multilateralismo econômico*, Porto Alegre, Livraria do Advogado, 1999; Celso Lafer, "O Convênio Internacional do Café", *Revista de Direito Mercantil*, núm. 9, año XII, nueva serie, 1973, pp. 29-88, *O Convênio do Café de 1976/Da reciprocidade no direito internacional econômico*, San Pablo, Perspectiva, 1979, *Comércio e relações internacionais*, San Pablo, Perspectiva, 1977, y "O GATT, a cláusula de nação mais favorecida e a América Latina", *Revista de Direito Mercantil*, núm. 3, año X, nueva serie, 1971, pp. 41-56. Sobre la irradiación de las ideas de la CEPAL en Brasil, inclusive en el ámbito de los cuadros diplomáticos brasileños, cf. Celso Furtado, *A fantasia organizada* y *A fantasia desfeita*, *Obra autobiográfica*, tomos I y II, San Pablo, Paz e Terra, 1997.

ciamiento de la política exterior brasileña, sobre todo en relación con los Estados Unidos y muy especialmente en lo relativo a la Cuba revolucionaria de Fidel Castro. En el plano político, la participación de Brasil en 1965 en la Fuerza Interamericana de Paz, organizada, bajo el liderazgo del gobierno norteamericano, para garantizar el orden en la República Dominicana, es una clara expresión simbólica del alineamiento brasileño con la visión de los Estados Unidos sobre el funcionamiento adecuado del sistema internacional en el contexto del conflicto Este/Oeste.

Sin embargo, en los gobiernos siguientes las "fuerzas profundas" del nacionalismo de fines, como componente fuerte de las líneas de continuidad de la identidad internacional de Brasil, afloraron con la evolución de la coyuntura interna y externa. La coyuntura interna se vio atravesada por un nacionalismo de inspiración militar, sensible al tema de la afirmación de autonomía, para un país que una parte significativa de los dirigentes del régimen autoritario percibía como "potencia emergente". Esta afirmación se apoyó inicialmente en el crecimiento económico del gobierno de Costa e Silva (1967-1969) y especialmente del de Médici (1969-1973), cuyas bases fueron dadas por la política económica del gobierno de Castelo Branco y que, en el plano del comercio exterior, se tradujo en una pauta de exportaciones acrecentada por la presencia de productos manufacturados. Esta aserción encontró espacio en el plano internacional en función de la *détente*, que abrió nuevas oportunidades para la polaridad Norte/Sur en la vida mundial. En este sentido, en la interacción dialéctica cambio/continuidad, así como la OPA en un contexto democrático preparó las condiciones para la política exterior independiente, también las gestiones de Magalhães Pinto (1967-1969) y de Mario Gibson Barboza (1969-1974) en Itamaraty, dentro del contexto de las características inherentes al autoritarismo del gobierno militar, prepararon el "pragmatismo responsable" del presidente Geisel (1974-1978) y de su canciller Azeredo da Silveira.

Los argumentos y las proposiciones diplomáticas de la política exterior independiente y del pragmatismo responsable son afines, en función de una percepción semejante de la identidad internacional de Brasil y del papel del nacionalismo de fines. No son sin embargo idénticos, como mostró Gelson Fonseca Jr., pues los factores internos y externos eran distintos. Brasil, en la década de 1970, tenía una economía más desarrollada y compleja. Por consiguiente, sus relaciones con los países desarrollados eran más diferenciadas y los contenciosos más amplios, ya que envolvían subsidios a la exportación, derechos compensatorios, importación de material sensible. En la dinámica del funcionamiento del sistema internacional, la polaridad Norte/Sur, en aquella década, se hizo más importante debido a la crisis del petróleo y a la acción de la OPEP, situación que ayuda a explicar la complejidad de las negociaciones multilaterales sobre derecho marítimo, preferencias comerciales, ciencia y tecnología que se insertan en las propuestas derivadas de la aspiración de crear un nuevo orden económico internacional, capaz de favorecer el desarrollo del gran espacio nacional en la visión de la política exterior articulada por el "pragmatismo responsable".

La profundización de la universalización de las interacciones diplomáticas fue uno de los objetivos del "pragmatismo responsable". De allí derivan una política africana significativa, una aproximación expresiva con el mundo árabe, dictada sobre todo por la crisis del petróleo, y el significado del establecimiento de relaciones diplomáticas con China (1974). En el capítulo de la preservación del espacio de la autonomía por medio de la diversificación de los contactos con el mundo desarrollado –una prioridad del gobierno de Geisel– merece destacarse el Acuerdo Nuclear con Alemania (1975), y no puede dejar de mencionarse la inflexión que representó la denuncia del acuerdo militar con los Estados Unidos, provocada por el contencioso por la violación interna de los derechos humanos (1977).

Además de las consecuencias externas de la diferencia entre democracia y autoritarismo, verificadas, por ejemplo, en la cuestión de una postura lamentable sobre la tutela de derechos humanos en el plano internacional, la nota distintiva más expresiva que, a mi entender, separa la política exterior independiente del "pragmatismo responsable" se refiere a la relación con la Argentina. En efecto, la política exterior independiente se afirmó, en lo mejor de la línea de las "fuerzas profundas" de la acción diplomática brasileña, por la aproximación con la Argentina. Éste es el significado del Encuentro de Uruguaiana del 22 de abril de 1961 entre los presidentes Jânio Quadros y Arturo Frondizi, que en tal ocasión firmaron un Convenio de Amistad y Consulta, abierto a la adhesión de otros países del continente. Pero el pragmatismo responsable se caracterizó por la exacerbación del contencioso de Itaipú, con todas las consecuencias inevitables que una relación difícil con la Argentina trajo para la preservación de un clima favorable a la cooperación para el desarrollo en América del Sur.

El gobierno de Figueiredo (1979-1984), que contó en Itamaraty con la competencia diplomática superior del canciller Saraiva Guerreiro, superó rápidamente las dificultades con la Argentina relacionadas con el contencioso de Itaipú. En un plano más general, en el contexto del proceso interno de normalización de la vida política e institucional del país, de las dificultades económicas de la segunda crisis del petróleo y del aumento del endeudamiento externo, nuestra política exterior operó los ajustes de conducción diplomática necesarios para dar continuidad al nacionalismo de fines. Logró así consolidar en el plano interno la aceptación del papel que desempeñaba Itamaraty en la práctica de una diplomacia que cultivó la autonomía y dio continuidad a una inserción controlada en el mundo, con el objetivo de favorecer el desarrollo interno.[20] De allí la manifestación de Tancredo Neves, como candidato de las fuerzas de la oposición a la presidencia de la república, en la sucesión de Figueiredo, en un encuentro sobre política exterior promovido por la Comisión de Relaciones Exteriores de la Cámara de Diputados en noviembre de 1984:

[20] Paulo Fagundes Vizentini, *A política externa do regime militar brasileiro: multilateralização, desenvolvimento e construção de uma potência média (1964-1985)*, Porto Alegre, Editora da Universidade/UFRGS, 1998; Luiz Augusto P. Souto Maior, "O 'pragmatismo responsável'", en José Augusto Guilhon Albuquerque (comp.), *Sessenta anos de política externa brasileira, 1930-1990*, ob. cit., vol. 1, *Crescimento, modernização e política externa*, pp. 337-360, y "A diplomacia econômica brasileira no pós-guerra (1964-1990)", en ibíd., vol. 2, *Diplomacia para o desenvolvimento*, pp. 267-296; Gelson Fonseca Jr., *A legitimidade e outras questões internacionais*, ob. cit., pp. 293-352; Vasco Leitão da Cunha, *Diplomacia em alto-mar* (declaración ante el CPDOC, entrevista de Aspásia Camargo, Zairo Cheibub, Luciana Nóbrega), Río de Janeiro, Editora da Fundação Getúlio Vargas, 1994, pp. 264-306; Luiz Viana Filho, *O governo Castelo Branco*, Río de Janeiro, Livraria José Olympio, 1975, pp. 428-451; Mário Gibson Barboza, *Na diplomacia, o traço todo da vida*, ob. cit., pp. 197-310; R. Saraiva Guerreiro, *Lembranças de um empregado do Itamaraty*, ob. cit.; Ernesto Geisel, *Depoimento* (compilado por Maria Celina d'Araújo y Celso Castro), Río de Janeiro, Editora da Fundação Getúlio Vargas, 1997, pp. 335-360; Luiz Felipe de Seixas Corrêa, "O discurso da diplomacia brasileira na Assembléia Geral da ONU: cinco décadas de política externa e de contribuição ao direito internacional", en Paulo Borba Casella (comp.), *Dimensão internacional do direito. Estudos en homenagem a G. E. do Nascimento e Silva*, San Pablo, LTr, 2000, pp. 97-109; Wayne A. Selcher, *Brazil's multilateral relations between First and Third Worlds*, Boulder, Colo-

Siempre defendí la política exterior de Itamaraty en sus líneas generales y fundamentales. He dicho incluso que si hay un punto en la política brasileña que encontró un consenso entre todas las corrientes de pensamiento, ese punto es realmente la política exterior realizada por Itamaraty.[21]

La exitosa transición democrática, llevada a cabo con la elección de Tancredo Neves, confirió a la política exterior durante la presidencia de José Sarney (1985-1989), en el campo de los valores, un componente importante de legitimidad. El presidente Sarney, con la colaboración de Itamaraty en las gestiones de Olavo Setúbal (1985-1986) y de Roberto de Abreu Sodré (1986-1990), supo recuperar la proyección internacional de Brasil como Estado de derecho, al rectificar la visión de inspiración militar –por ejemplo, en el tema de derechos humanos– y valorizar el elemento positivo que representaba la normalización democrática. Así, en el marco de las líneas básicas de una política exterior inspirada por el naciona-

rado, Westview Press, 1978, y *Brazil in the international system: the rise of a middle power*, Boulder, Colorado, Westview Press, 1981; Luiz Fernando Ligiéro, *Políticas semelhantes en momentos diferentes: exame e comparação entre política externa independente (1961-1964) e o pragmatismo responsável (1974-1979)*, tesis de doctorado, Departamento de História, Universidade de Brasília, 2000.

[21] Tancredo Neves, en *Encontro da Política Externa: Brasília 28 e 29 de 1984*, Brasilia, Câmara dos Deputados, Coordenação de Publicações, 1985, p. 79.

lismo de fines, la presidencia de Sarney se movió, como señaló Luiz Felipe de Seixas Corrêa, en el plano interno, por las líneas maestras de la reforma política y el ajuste económico; en el plano externo, por la búsqueda de asociaciones multilaterales y bilaterales tendientes a configurar mecanismos de inserción que contribuyesen al desarrollo, en el cuadro político-económico y financiero del sistema internacional de la segunda mitad de la década de 1980.[22]

En síntesis, mientras prevaleció un sistema internacional de polaridades definidas, Este/Oeste, Norte/Sur, y mientras el proceso de sustitución de importaciones, basado en la escala continental del país, tuvo dinamismo económico, la política exterior de Brasil buscó, según la lógica de

[22] Luiz Felipe de Seixas Corrêa, "O discurso da diplomacia brasileira na Assembléia Geral da ONU: cinco décadas de política externa e de contribuição ao direito internacional", ob. cit., pp. 109-114, "A política externa de José Sarney", en José Augusto Guilhon Albuquerque (comp.), *Sessenta anos de política externa brasileira, 1930-1990*, ob. cit., vol. 1, *Crescimento, modernização e política externa*, pp. 361-385, y *Diplomacia para resultados. A gestão Olavo Setúbal no Itamaraty*, Brasilia, Ministério das Relações Exteriores, 1986; Roberto de Abreu Sodré, *No espelho do tempo. Meio século de política*, San Pablo, Best Seller, 1995, pp. 283-335; Celso Lafer, *Ensayos liberales*, México, Fondo de Cultura Económica, 1993, "Análise das possibilidades diplomáticas de um governo Tancredo Neves", en Mónica Hirst (comp.), *Brasil-Estados Unidos na transição democrática*, Río de Janeiro, Paz e Terra, 1985, pp. 83-96, y "Novas dimensões da política externa brasileira", *Revista Brasileira de Ciências Sociais*, núm. 3, vol. 1, febrero de 1987, pp. 73-82.

un nacionalismo de fines, la autonomía por la distancia. Esta búsqueda se llevó a cabo de forma flexible y constructiva, con una conducta diplomática dirigida a explorar los variados y variables nichos de oportunidades que ofrecía la convivencia competitiva de la bipolaridad a una potencia media de escala continental, situada en América del Sur.

El objetivo era desarrollarse para emanciparse, según la formulación límpida que elaboró San Tiago Dantas en 1963 acerca de esta "fuerza profunda" de larga duración, en el siglo XX, de la acción diplomática brasileña:

> Desarrollarse siempre es emanciparse. Emanciparse externamente por la extinción de vínculos de dependencia a centros de decisión, políticos o económicos, localizados en el exterior. Y emanciparse internamente, lo que sólo se logra por medio de las transformaciones de la estructura social, capaces de establecer, paralelamente al enriquecimiento, una sociedad abierta, con oportunidades equivalentes para todos, y una distribución social de la renta apta para asegurar niveles satisfactorios de igualdad.[23]

[23] F. C. de San Tiago Dantas, "Política exterior e desenvolvimento" (discurso de paraninfo pronunciado el 10 de diciembre de 1963 en el Palacio de Itamaraty), *Revista Brasileira de Política Internacional*, año VII, núm. 27, septiembre de 1964, p. 525.

6. El desafío del siglo XXI: el desarrollo por medio de la inserción en el mundo

El siglo XX ha sido objeto de muchos análisis dirigidos a comprender sus especificidades históricas. Una de las interpretaciones más conocidas e instigadoras es la de Hobsbawn. Él contrasta un largo siglo XIX, que se iniciaría con la Revolución Francesa y se prolongaría hasta la Primera Guerra Mundial, abarcando la era de las revoluciones, del capital y de los imperios, con un corto siglo XX. Éste puede verse como un "siglo breve" –el de las guerras de alcance planetario– contenido entre la Primera Guerra Mundial y el fin de la Guerra Fría. En esta línea, la caída del Muro de Berlín puede considerarse como un acontecimiento inaugural, pues marcaría, junto con el colapso de la Unión Soviética como conclusión del proceso que se inició con la Revolución Rusa, el comienzo histórico de un nuevo siglo.[1]

Existen muchas controversias sobre la periodización y la interpretación que propuso Hobs-

---

[1] Eric Hobsbawn, *The Age of Extremes*, Nueva York, Pantheon Books, 1994; Renato Petrocchi, "O irredutível século XX: uma pesquisa de chaves de leitura", en: *Contexto Internacional*, vol. 22, núm. 1, enero-junio de 2000, pp. 7-37.

bawn, pero desde el punto de vista de la historia diplomática brasileña creo que el siglo XX también puede verse como un siglo breve. Se caracteriza por tener un comienzo propio, resultado de la obra de Rio Branco en la primera década del siglo XX, que cierra la fase de consolidación de las fronteras del espacio nacional. Esta consolidación configuró la naturaleza de la diferencia entre lo "interno" y lo "externo" que fue la base de la moderna política exterior brasileña, como intenté mostrar en los capítulos anteriores de este libro. Se cierra, de manera convergente con la periodización que propuso Hobsbawn, en el inicio de la década de 1990, en función de las consecuencias derivadas de la caída del muro de Berlín y del desmembramiento de la Unión Soviética. Para Brasil, una de las consecuencias importantes fue la de, al posibilitar la plenitud afirmativa de la lógica de la globalización, deshacer y diluir la diferencia entre lo "interno" y lo "externo". Esta dilución fue un dato de la realidad que terminó imponiendo una pausa para pensar de qué manera hacer viable, en las condiciones actuales, el desarrollo del espacio nacional. En efecto, el desarrollo continúa siendo, a la luz de la identidad de Brasil como "otro Occidente", el objeto por excelencia de nuestra política exterior, como una política pública orientada a traducir necesidades internas en posibilidades externas. De allí deriva el empeño, en la línea del cambio dentro de la continuidad que caracteriza a la presencia de Itamaraty en la acción diplomática brasileña, en las gestiones de Francisco Resek

(1990-1992), Celso Lafer (1992), Fernando Henrique Cardoso (1992-1993), Celso Amorim (1993-1994) y Luiz Felipe Lampreia (1995-2001), por trabajar los replanteos conceptuales que exigió en la década de 1990 el cambio del paradigma de funcionamiento del sistema internacional, tal como se configuraba y afectó a Brasil en la segunda posguerra.[2]

El paradigma de hecho mudó sustantivamente, pues la vida internacional dejó de tener como elemento estructurador las polaridades definidas de las relaciones Este/Oeste, Norte/Sur. Comenzó a caracterizarse por polaridades indefinidas, sujetas a las "fuerzas profundas" de dos lógicas que operan en una dialéctica contradictoria de complementariedad mutua: la lógica de la globalización (de las finanzas, de la economía, de la información, de los valores, etc.) y la lógica de la fragmentación (de las identidades, de la secesión de los estados, de los fundamentalismos, de la exclusión social, etcétera).

[2] Cf. José María Arbilla, *A diplomacia das idéias: a política da renovação conceitual da política externa na Argentina e no Brasil (1989-1994)*, disertación de maestría, Instituto de Relações Internacionais, PUC-Río de Janeiro, 1997; Flávia de Campos Mello, *Regionalismo e inserção internacional: continuidade e transformação da política externa brasileira nos anos 90*, tesis de doctorado, Departamento de Ciência Política, Faculdade de Filosofia e Ciências Humanas, Universidade de San Pablo, 2000; Sérgio Luis Saba Rangel do Carmo, *O comércio internacional e o Brasil: multilateralismo, regionalismo e a política externa brasileira*, disertación de maestría, Departamento de Direito Internacional da Faculdade de Direito de São Paulo, San Pablo , 2000.

La interacción entre una lógica integradora del espacio mundial y una dinámica desintegradora e impugnadora de esta lógica tiene mucho que ver con las realidades de una "globalización asimétrica".[3] Ésta realza la percepción de las discontinuidades en el sistema internacional, que, por un lado, expresan un desfase entre significado y poderío y, por el otro, traducen un déficit indiscutible en la gobernabilidad del espacio del planeta.[4] ¿Cómo se están situando y reposicionando ante estas nuevas realidades los *monster countries*, entre los cuales se incluye Brasil?

Los Estados Unidos –que ganaron pacíficamente la Guerra Fría– son hoy la única superpotencia mundial. Se encuentran relativamente cómodos en este mundo de discontinuidades y están explorando las oportunidades que les ofrece el sistema internacional para, unilateralmente, afir-

[3] Fernando Henrique Cardoso, "Discurso na sessão de trabalho da VIII Reunião de Chefes de Estado e de Governo da Conferência Ibero-Americana", Porto, Portugal, 18 de octubre de 1998.

[4] Cf. Celso Lafer y Gelson Fonseca Jr., "Questões para a diplomacia no contexto internacional das polaridades indefinidas (notas analíticas e algumas sugestões)", en Gelson Fonseca Jr. y Sérgio Henrique Nabuco de Castro (comps.), *Temas de política externa II*, ob. cit., vol. 1, pp. 49-77; Celso Lafer, "O Brasil no mundo Pós-Guerra Fria", en George P. Schultz *et al.*, *A economia mundial em transformação*, Río de Janeiro, Editora da Fundação Getúlio Vargas, 1994, pp. 99-108, y "Brasil y el nuevo escenario mundial", *Archivos del Presente*, año I, núm. 3, verano austral de 1995-1996, pp. 61-80; Zaki Laidi, *Un monde privé de sens*, París, Fayard, 1994.

mar su globalismo en el campo estratégico militar, en el económico financiero y en el de los valores.

China fue, en el plano estratégico militar, uno de los grandes beneficiarios del fin de la Guerra Fría y logró alcanzar un desarrollo excepcional por medio de la administración eficaz del juego entre lo "interno" y lo "externo", en un mundo globalizado y de polaridades indefinidas.

Este mundo nuevo alteró los factores estratégico militares de la inserción de la India en su contexto regional, lo que explica su afirmación como potencia nuclear al margen del Tratado de No Proliferación y su recelo frente a la lógica de la globalización que, por sus asimetrías, puede, en el plano interno del país, desencadenar fuerzas centrífugas hasta ahora administradas por su propio sistema democrático.

Rusia, como sucesora de la URSS –la gran derrotada de la Guerra Fría–, continúa teniendo la segunda mayor capacidad nuclear mundial y está, en el contexto de una lógica de fragmentación, en medio de grandes dificultades económicas y políticas, a la búsqueda de una nueva identidad internacional.

En síntesis, los *monster countries* mencionados se mantienen, según la visión que sugiere Kennan, asustadores, por distintas razones y en nuevos moldes.

En este panorama sobre la capacidad de responder a los desafíos del siglo XXI, para permanecer en el plano del eje asimétrico de las relaciones internacionales de Brasil, es conveniente hacer una referencia a la Comunidad Europea y al Japón, que componen, con los Estados Unidos, la "trilateral". Para los europeos, organizados en torno de la Unión Europea, el fin de la Guerra Fría planteó políticamente el tema de la extensión hacia el Este, al mismo tiempo que el desafío de la globalización impuso que se profundizara la delegación de competencias a las instancias comunitarias (por ejemplo, la moneda única: el euro). La concomitancia de esta extensión y de esta profundización ha sobrecargado la agenda de la integración europea, que se ve institucionalmente estresada por la complejidad y por el volumen de problemas. Este estrés, presente en la construcción grociana europea, no impidió, hasta ahora, la respuesta a los desafíos de las nuevas realidades, pero sin duda comprometió su velocidad y alcance.

En el caso de Japón, le ha resultado problemático responder a los desafíos de las nuevas realidades. Ha sido problemático porque el fin de la Guerra Fría, al alterar los factores estratégico militares, planteó dilemas nuevos y significativos en el papel y las relaciones de Japón en Asia. Ha sido problemático, también, porque el modelo socioeconómico japonés, tan exitoso en los años setenta y ochenta, está enfrentando dificultades para dar cuenta de los nuevos aspectos competitivos de la globalización.[5]

[5] Cf. Thérèse Delpech, *La guerre parfaite*, ob. cit., *Quelle identité pour l'Europe*, dirección de Riva Kastoryano, París,

Frente a estas nuevas realidades y a sus problemas, ¿cómo se está situando Brasil? De modo preliminar, es importante mencionar que la sociedad brasileña cambió significativamente a partir de 1930, en función del conjunto de políticas públicas, incluida la externa, inspiradas por un nacionalismo de fines. Brasil se urbanizó, se industrializó, se democratizó, diversificó su pauta de exportaciones, amplió su acervo de relaciones diplomáticas. En síntesis, se modernizó y mejoró su *locus standi* internacional, sin no obstante haber resuelto una de las "fallas" constitutivas de su formación, el problema de la exclusión social.

La década de 1980 fue, en el plano interno, exitosa desde el punto de vista político con la transición del régimen militar a la democracia. Desde el punto de vista económico, el país asistió, en medio de la crisis de la deuda externa y de la inflación, al agotamiento del dinamismo del modelo de sustitución de importaciones.

Este agotamiento ya se estaba manifestando desde antes debido al proceso de cambios profundos en el plano internacional. La caída del Muro de Berlín, marco ideológico político de la ruptura, lo volvió todavía más inequívoco. Bajo

---

Press de Science Po, 1998, y *La PESC*, dirección de Marie-Françoise Durand y Álvaro de Vasconcelos, París, Press de Science Po, 1998; Robert B. Zoellick, Peter D. Sutherland, Hisashi Owada, *21st century strategies of the Trilateral countries: in concert or conflict?*, Nueva York/París/Tokio, The Trilateral Comission, 1999; Carlos Escudé, *Estado del mundo*, ob. cit.

el impacto de la disminución de los costos de los transportes y de la comunicación, y de los avances en computación, la lógica de lo que se ha definido como "globalización" permitió, por la innovación tecnológica, diluir el significado financiero y económico de las fronteras, al romper la diferencia entre lo "interno" y lo "externo". En un mundo de polaridades indefinidas, esta ruptura puso en cuestión la eficiencia y el dinamismo del proceso de internalización de las cadenas productivas mediante una inserción controlada del país en la economía mundial. En efecto, como mostró Gilberto Dupas, la lógica de la globalización, además de haber acelerado vertiginosamente los flujos financieros, dio lugar a la desagregación de las cadenas productivas en escala planetaria. Convirtió el *outsourcing* en una práctica empresarial rutinaria e hizo, así, del comercio exterior y de la producción de bienes y servicios, las dos caras de una misma moneda.[6] Por esta razón, el desarrollo en el distanciamiento relativo de una inserción en la economía mundial gestionado por el Estado, viable por la escala continental del país y operado según la lógica anterior del nacionalismo de fines, se volvió inoperante. En síntesis, el mundo que Brasil administraba con bastante competencia como "externalidad" se internalizó. Se agotó así la eficacia del repertorio de soluciones construidas a partir del primer gobierno de

---

[6]   Gilberto Dupas, *Economia global e exclusão social*, San Pablo, Paz e Terra, 1999.

Getúlio Vargas y que habían configurado al país en el siglo XX.

¿Cuáles son las consecuencias de esta "internalización" del mundo, como nuevo dato de la realidad internacional, para la conducción de la política exterior brasileña? Hay situaciones en las que los cambios relevantes del funcionamiento del mundo provocan y exigen del país un cambio en la visión de su papel, lo cual puede modificar significativamente su identidad internacional. El caso de Rusia, como sucesora de la Unión Soviética a partir del fin de la Guerra Fría, constituye quizás el ejemplo reciente más notable. Antes, Alemania y Japón, en la segunda posguerra, habían dejado, como consecuencia de su derrota militar, de ser actores con aspiraciones de grandeza imperial en el campo estratégico militar, pero encontraron un nuevo camino al convertirse en exitosos *trading states*, aun cuando prosiguiesen buscando otras formas de participación internacional. También Portugal, después de la Revolución de los Claveles, aceptó la lógica histórica del proceso de descolonización del siglo XX. Redefinió una identidad internacional multisecular, que se había configurado con la expansión ultramarina portuguesa que está en el origen de Brasil, y asumió su presencia en el mundo como parte integrante de la Europa comunitaria. El cambio que los años de la década de 1990 plantearon en la agenda diplomática brasileña no es de esta naturaleza. En efecto, en nuestro caso lo que está en juego no es tanto un cambio de *world view*, sino más bien cómo tornarla operativa en las actuales condiciones de permisibilidad del mundo.

La visión del mundo y del papel de Brasil en las relaciones internacionales es fruto de las circunstancias históricas que fueron definiendo nuestra identidad, tal como intenté mostrar en los capítulos anteriores de este libro. En este proceso se fueron afirmando ciertos valores. Entre ellos, el de la autonomía posible para una potencia media de escala continental situada en América del Sur. Este valor, con sus desdoblamientos, pasó a integrar el mapa de la acción diplomática brasileña. Los valores, como explica Miguel Reale, son un bien cultural y tienen una objetividad que se revela en el proceso histórico. Como bien cultural, tienen un soporte, una base en la realidad, pero tienen igualmente un significado que señala una dirección para el "deber ser". Por eso mismo, se refieren a la realidad, pero no se reducen a ella. Los valores tienen asimismo varias dimensiones. Una de ellas, además del significado direccional, es la posibilidad de realización, que se refiere a la capacidad del valor para hacerse efectivo históricamente con apoyo en una determinada realidad social, política y económica.[7] Es justamente el tema de la posibilidad de realización de una visión del mundo el que, en la dialéctica cambio/continuidad, se planteó en la agenda diplomática brasileña en la década de 1990.

[7] Miguel Reale, *Introdução à filosofia*, San Pablo, Saraiva, 1988, pp. 135-162.

El presidente Fernando Collor (1990-1992) intuyó el alcance de la magnitud del cambio que se planteaba para Brasil a partir del fin del corto siglo XX. La gran reforma ministerial que emprendió en 1992 tuvo como uno de sus objetivos decantar el significado del reordenamiento de la agenda, pero el proceso se vio interrumpido por las revelaciones que llevaron a su *impeachment*. Su sucesión por el vicepresidente Itamar Franco (1992-1994), dentro del cumplimiento de las normas constitucionales –cumplimiento que comprobó la madurez de las instituciones democráticas–, le proporcionó al país una pausa inicial para digerir el alcance del cambio. El presidente Fernando Henrique Cardoso, en su primer mandato (1995-1998) –valiéndose de lo que los griegos calificaban como *"anquinoia"*, la agilidad y la rapidez de la inteligencia– le otorgó una nueva y más consistente racionalidad al proceso de reordenamiento de la agenda.[8] En su segundo período de gobierno, iniciado en 1999, tiene por delante el

---

[8] Marcel Detienne y Jean-Pierre Vernant, *Les ruses de l'intelligence, la métis des grecs*, París, Flammarion, 1974, pp. 293-296; Pier Paolo Portinaro, *Il realismo politico*, ob. cit., p. 89; Celso Lafer, *Desafíos: ética e política*, ob. cit., pp. 165-180; *O Presidente segundo o sociólogo. Entrevista de Fernando Henrique Cardoso a Roberto Pompeu de Toledo*, ob. cit.; Vilmar Faria y Eduardo Graeff, con Ana Maria Lopes de Almeida, Sérgio Fausto, Sérgio Florencio, Cláudio Maciel, "Preparando o Brasil para o século XXI. Uma experiência de governo para a mudança", en Lúcio Alcântara, Vilmar Faria y Carlos H. Cardin (comps.), *Globalização e governo progressista*, ob. cit., pp. 217-276.

desafío de consolidar efectivamente la nueva agenda, profundizando el camino por el cual, en el contexto de una "globalización asimétrica", el país amplíe el poder de control sobre su destino y, con sensibilidad socialdemócrata, encamine el persistente problema de la exclusión social.

Recuerda en este sentido Fábio Wanderley Reis que los tres problemas articulados que se plantean para el desarrollo político de un estado-nación moderno son los de la identidad, la gobernabilidad y la igualdad. En el mundo que siguió a la Guerra Fría, estos problemas se plantearon en nuevos términos para Brasil, en la medida en que la fusión entre identidad y economía, concebida por el nacionalismo de fines, se volvió inoperante. Esta inoperancia tiene efectos en la cuestión de la gobernabilidad, pues, debido a las no resueltas deficiencias sociales del país, el problema de la "ingobernabilidad hobbesiana", proveniente del deterioro del tejido social, se agudizó. Y esto hace más problemática la acción del Estado en su tarea primera de manutención de un orden público adecuado. Por esta razón, la "cuestión nacional" se identifica fuertemente con la "cuestión social", es decir, con el problema de la igualdad en Brasil.[9]

¿Cuál es el significado de esta problemática desde el punto de vista de la política exterior concebida como política pública dirigida al tema del

    [9] Fábio Wanderley, "Atualidade mundial e desafios brasileiros", *Estudos Avançados*, vol. 14, núm. 39, mayo-agosto de 2000, pp. 14-20.

desarrollo del espacio nacional? En lo concerniente a Brasil en América del Sur, los caminos que me parecen apropiados ya fueron examinados en el capítulo III de este libro. En lo que se refiere al eje asimétrico del sistema internacional, creo, con Gelson Fonseca Jr., que si antes el país construyó, con un éxito razonable, la autonomía posible mediante el distanciamiento relativo respecto del mundo, en el cambio de siglo esta autonomía posible, necesaria para el desarrollo, sólo puede construirse por medio de la participación activa en la elaboración de las normas y pautas de conducta de la gestión del orden mundial.[10] En otras palabras, los "intereses específicos" del país están, más que nunca, ligados a sus "intereses generales" en la dinámica del funcionamiento del orden mundial. Por esta razón, la "obra abierta" de la continuidad en el cambio, que caracteriza a la diplomacia brasileña, requiere una profundización, en los foros multilaterales, de la línea de política exterior inaugurada en La Haya en 1907.

El *locus standi* de esta profundización tiene como sustento, en el plano interno, la consolidación de la democracia y la importancia de una economía abierta, estabilizada por el Plan Real. Éste fue uno de los grandes méritos de Fernando Henrique Cardoso, primero como ministro de Economía y después como presidente de la República, y esto revitalizó, en el plano externo, el alcance y

[10] Gelson Fonseca Jr., *A legitimidade e outras questões internacionais*, ob. cit., pp. 353-374.

la coherencia de los activos diplomáticos de una conducta de corte grociano. Ésta tiene como sustento, en el plano de la posibilidad de realización, el hecho de que Brasil es un país de escala continental, relevante para la tesitura del orden mundial y con aptitudes para articular consensos entre grandes y pequeños, porque no es un *monster country* asustador, como sus congéneres. Tal distinción no deja de constituir un activo potencial en un sistema internacional en el que las percepciones de riesgo y las estimaciones de credibilidad son datos importantes. A esto se suman las inversiones en el *soft power* de la credibilidad, realizadas por el país en el curso de la década de 1990, al tratar de manera constructiva –por la participación y no por la distancia– los "temas globales" que se incluyeron, en nuevos términos, en la agenda internacional a partir del fin de la Guerra Fría. Entre éstos, destaco medio ambiente, derechos humanos, desarme y no proliferación nuclear, al evaluar que en el plano de los valores este trato constructivo es coherente con el componente Occidente de nuestra identidad internacional, congruente con la visión grociana que atraviesa nuestra conducta diplomática y viable a la luz de nuestra inserción en el mundo.

Este trato constructivo tuvo lugar en foros multilaterales que son para Brasil, por el juego de las alianzas de geometría variable creadas por un mundo de polaridades indefinidas, el mejor tablero para que el país ejercite su competencia en la defensa de los intereses nacionales. En este tipo de tablero podremos desarrollar lo mejor de nuestro potencial para actuar en la elaboración de las normas y pautas de conducta de la gestión del espacio de la globalización en todos los campos de interés para Brasil.

Desde el punto de vista del desarrollo del espacio nacional y del tema de la pobreza, que es un componente de nuestra identidad internacional como "otro Occidente", el desafío real que se plantea para Brasil reside en las negociaciones de la agenda financiera y de la agenda del comercio exterior. En efecto, la globalización acortó las distancias y aceleró el tiempo, pero estos fenómenos afectan a los intereses de Brasil de manera no uniforme debido a la especificidad de nuestra inserción en el mundo.

El tiempo financiero es el tiempo *on line* de los flujos financieros, que con su volatilidad producen las crisis sucesivas en los países de mercados emergentes y que nos alcanzaron directa o indirectamente. Por ello la relevancia para Brasil de las negociaciones sobre la "nueva arquitectura financiera".

El tiempo de los medios masivos es también un tiempo *on line*. Provoca, en Brasil y en el mundo, la repercusión inmediata del peso de los acontecimientos en las percepciones colectivas. Esta repercusión fragmenta la agenda de la opinión pública, lleva al monitoreo y a reacciones constantes en las señales del mercado y de la vida política y crea, en consecuencia, un ambiente de excesiva concentración en el momento presente, en detrimento de la atención necesaria respecto del fundamento en el pasado y de las implicaciones futuras del acontecimiento en cuestión. El foco en los acontecimientos y la falta de foco en los procesos, que provienen de la naturaleza del tiempo de los medios masivos, es un desafío constante para la construcción del *soft power* de la credibilidad internacional del país, un desafío que adquiere otra magnitud en el sistema internacional posterior a la Guerra Fría, con la "internalización" del mundo en la realidad brasileña. De allí, por ejemplo, la importancia, para Brasil, de la diplomacia presidencial y de las reuniones de cúpula, que son una expresión de la diplomacia abierta, que crean *eventos* que permiten transmitir e informar a la opinión pública –interna y externa– acerca del significado de los *procesos* en marcha en el país. Llamo la atención en este sentido hacia la importancia de la diplomacia presidencial del presidente Fernando Henrique Cardoso, pues es la expresión de una visión arquitectónica de la política exterior frente a los desafíos del siglo XXI, que tiene como objetivo constante lidiar con el impacto de la "internalización" del mundo en la vida brasileña.[11]

El tiempo económico es el del ciclo de la producción y de la inversión. Es un tiempo más lento que el financiero y que el de los medios, y, en el caso de Brasil, se encuentra afectado por las

[11] Sérgio Danese, *Diplomacia presidencial*, Río de Janeiro, Topbooks, 1999.

condiciones sistémicas de la competitividad. Éstas sufren el peso de las ineficiencias del llamado "costo Brasil", un costo que era soportable cuando el mundo podía administrarse como "externalidad". Lidiar con el "costo Brasil" es una necesidad derivada de la internalización del mundo. Esto requiere reformas como, por ejemplo, la tributaria y la de seguridad social.

Estas reformas transitan por el tiempo político, que, en Brasil y en el mundo, es un tiempo distinto del financiero, del de los medios masivos y del económico. Es, en principio, en un régimen democrático, un tiempo más lento, condicionado por la territorialidad de las instituciones políticas, por los ciclos electorales, por los intereses de los partidos y, en el caso de Brasil, por el problema del complejo equilibrio de los estados de la Federación, en un país que se caracteriza por el pluralismo de su escala continental. Es también, en el caso brasileño, un tiempo tradicionalmente vuelto hacia "adentro" y no hacia "afuera", a la luz de la experiencia histórica de un país continental habituado a la autonomía por la distancia y que, por eso mismo, aún no absorbió la internalización del mundo. Ésta es la razón por la cual la sincronía del tiempo político con los tiempos financiero y económico es uno de los grandes desafíos en la conducción de nuestras políticas públicas.

Tal desafío tiene una dimensión que pasa por el tiempo diplomático, que en el caso de las negociaciones comerciales mundiales, regionales o interregionales es un tiempo más lento. Ese tiempo corresponde al de la OMC, el ALCA, el Mercosur, el Mercosur-Unión Europea, etc., y es en él donde Brasil, como un pequeño *global trader*, necesita ampliar su acceso a los mercados. Un elemento esencial de este proyecto es la participación capacitada en las negociaciones relativas a la elaboración de normas internacionales en áreas afectadas al comercio, como por ejemplo barreras no arancelarias, que pueden adoptar, entre otras, la forma de normas sanitarias y fitosanitarias, o de patrones técnicos. Está también el tema de los subsidios, de la defensa comercial y de la propiedad intelectual. La creciente reglamentación multilateral de esas materias constituye una forma de "internalización" del mundo en la vida brasileña, lo cual exige una calificación negociadora apropiada en función de la importancia del tema y del carácter complejo de las negociaciones.

Esta calificación negociadora es indispensable, pues en la elaboración de la reglamentación de estas cuestiones Brasil necesita también asegurar un espacio –que se está reduciendo– para la conducción de sus políticas públicas. En efecto, en un país como el nuestro, el desarrollo no resultará, automáticamente, de la combinación virtuosa de las políticas fiscal, monetaria y cambiaria, si bien en ellas se encuentran las condiciones macroeconómicas de su sustentabilidad. Requiere un conjunto amplio de políticas públicas, que de manera coherente y compatible con los grandes equilibrios macroeconómicos, que aseguran la estabilidad de la moneda, reduzcan la desigualdad e impulsen el desarrollo del espacio nacional, dando dentro de su ámbito, a los agentes económicos, las condiciones de isonomía competitiva que les permitan enfrentar el desafío de la globalización.[12]

En pocas palabras, el desafío más significativo que se plantea para la política exterior brasileña en este comienzo del siglo XXI es el de cómo preservar un espacio propio, en el plano interno, para poder lidiar con el impacto de los tiempos de la "internalización", que intenté indicar de modo sucinto. A este gran desafío se refirió el presidente Fernando Henrique Cardoso en la reunión de Florencia de 1999 al decir:

> La *progressive governance* en el plano internacional implica, pues, el esfuerzo de la construcción de un sistema compatible con la existencia de un espacio en el plano doméstico para la conducción de políticas que, sin perjuicio de la responsabilidad fiscal y de la coherencia macroeconómica, respondan a las cuestiones fundamentales del bienestar, del empleo y del desarrollo social, y a la de la inclusión de los segmentos que aún estén al margen de la sociedad.[13]

En síntesis, y para concluir con una metáfora musical, el desafío de la política exterior brasileña,

[12] *Desenvolvimento, indústria e comércio. Debates. Estudos. Documento, 1* (informe de actividades, 1° de enero a 16 de julio de 1999 del ministro Celso Lafer en el MDIC).

[13] Fernando Henrique Cardoso, "O modo progressista de governar", en Lúcio Alcântara, Vilmar Faria y Carlos H. Cardin (comps.), *Globalização e governo progressista*, ob. cit., p. 200.

en el inicio del siglo XXI, es el de buscar condiciones para entonar la melodía de la especificidad del país en armonía con el mundo. No es un desafío fácil, dadas la magnitud de los problemas internos del país, las dificultades de sincronía de los tiempos en la conducción de las políticas públicas y la cacofonía generalizada que caracteriza al mundo actual, en razón de las discontinuidades prevalecientes en el funcionamiento del sistema internacional. Es, sin embargo, un desafío para el cual el historial de la inserción y de la construcción de la identidad internacional de Brasil, analizadas en este texto, ofrece una base significativa para una acción exitosa.

Índice

Se terminó de imprimir en el mes de junio de 2002
en los Talleres Gráficos Nuevo Offset
Viel 1444, Capital Federal
Tirada: 2.000 ejemplares

Serie Breves

Aldo Ferrer
Vivir con lo nuestro. Nosotros y la globalización

Ernesto Laclau
Misticismo, retórica y política

Ricardo Piglia/León Rozitchner
*Tres propuestas para el próximo milenio
(y cinco dificultades)/Mi Buenos Aires
querida*

Rosana Guber
*¿Por qué Malvinas? De la causa nacional
a la guerra absurda*

Marcela Mollis
*La universidad argentina en tránsito. Ensayo
para jóvenes y no tan jóvenes*

María Matilde Ollier
*Las coaliciones políticas en la Argentina.
El caso de la Alianza*

María del Carmen Feijoó
Nuevo país, nueva pobreza

Archetti Eduardo
*El potrero, la pista y el ring. Las patrias
del deporte argentino*

Aldo Ferrer-Helio Jaguaribe
Argentina y Brasil en la globalización.
¿Mercosur o ALCA?

Henri Weber
La izquierda explicada a mis hijas

Emilia Ferreiro
Pasado y presente de los verbos leer y escribir

José Nun
Marginalidad y exclusión social

Roger Pol-Droit
Las religiones explicadas a mi hija

Beatriz Sarlo
Siete ensayos sobre Walter Benjamin

Juan Carlos Tedesco
Educar en la sociedad del conocimiento

Eduardo A. Mari
El ciclo de la Tierra. Minerales, materiales,
reciclado, contaminación ambiental

Martín Hopenhayn y Ernesto Ottone
El gran eslabón. Educación y desarrollo
en el umbral del siglo XXI.

Régis Debray
La República explicada a mi hija

Roberto Lavagna
Neoconservadorismo versus *capitalismo
competitivo*

Albert O. Hirshman
*A través de las fronteras. Los lugares y las ideas
en el transcurso de una vida*

Alain Touraine
*Igualdad y diversidad. Las nuevas tareas
de la democracia*

Ricardo Ferraro
*La marcha de los locos. Entre las nuevas tareas,
los nuevos empleos y las nuevas empresas*

Gianfranco Pasquino
La democracia exigente

Aldo Ferrer
De Cristóbal Colón a Internet

Roberto Cortés Conde
*Progreso y declinación de la economía
argentina*

Elizabeth Jelin
*Pan y afectos. La transformación
de las familias*

Carlos Floria
Pasiones nacionalistas